OLGA GROMOWA

ZUCKERKIND

aufbau

OLGA GROMOWA

ZUCKER KIND

Von Stalin nach Kirgisien verbannt

Aus dem Russischen
von Ganna-Maria Braungardt

Mit einem Vorwort
von Ljudmila Ulitzkaja

aufbau

Die Originalausgabe unter dem Titel
Сахарный ребенок.
История девочки из прошлого века
Рассказанная Стеллой Нудольсой
erschien 2014 bei KompasGuide Publishing House, Moskau.

Mit 40 Abbildungen

Dieses Buch wurde gefördert von der Mikhail Prokhorov Foundation
TRANSCRIPT,
Program for the support of translation
of Russian fiction, poetry and non-fiction

Supporting the translation of Russian literature
transcript

MIX
Papier aus verantwortungsvollen Quellen
FSC® C083411
FSC www.fsc.org

ISBN 978-3-351-03816-8

Aufbau ist eine Marke der Aufbau Verlage GmbH & Co. KG

1. Auflage 2021

Agreement via Wiedling Literary Agency
Einbandgestaltung zero-media.net, München
Satz Greiner & Reichel, Köln
Druck und Binden CPI books GmbH, Leck, Germany
Printed in Germany

www.aufbau-verlage.de

Inhalt

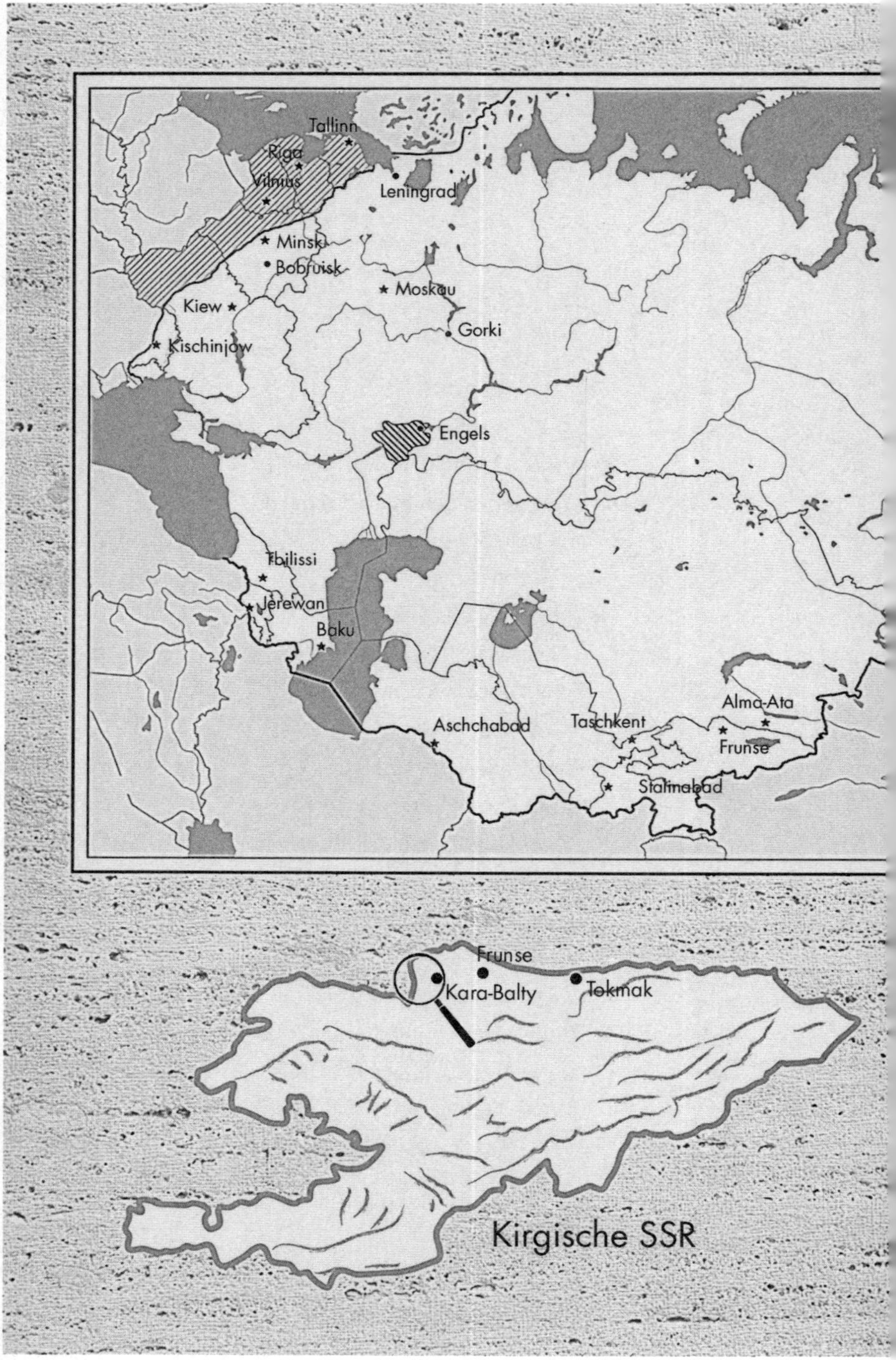

Die Orte, an denen das Buch spielt.
Karte der Sowjetunion in den Grenzen von 1940.

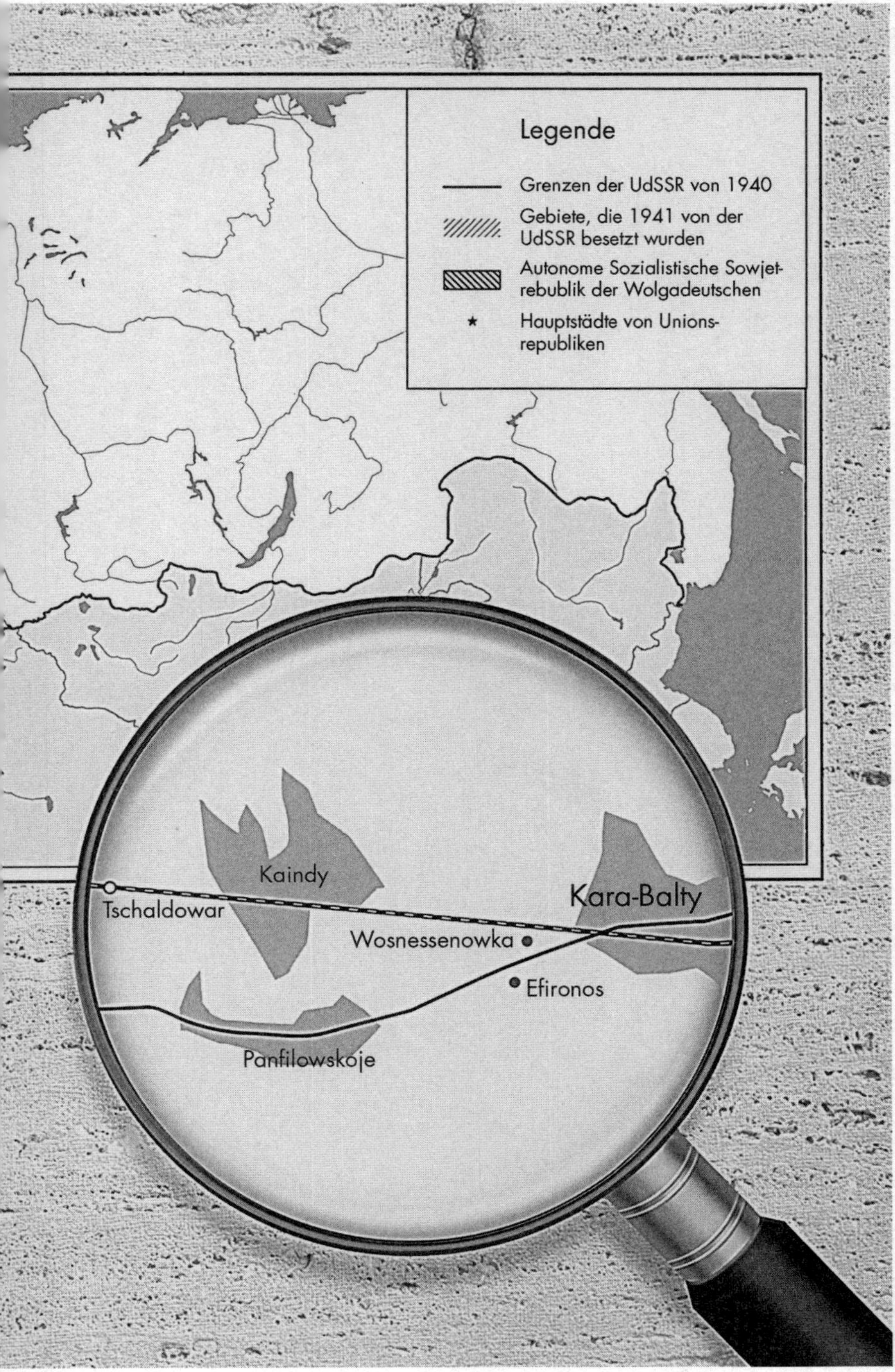

Legende
Grenzen der UdSSR von 1940
Gebiete, die 1941 von der UdSSR besetzt wurden
Autonome Sozialistische Sowjetrebublik der Wolgadeutschen
Hauptstädte von Unionsrepubliken
Kaindy
Tschaldowar
Kara-Balty
Wosnessenowka
Efironos
Panfilowskoje

Vorwort

Zu allen Zeiten wurde und wird der Kampf zwischen Erinnern und Vergessen geführt. Die Geschichte der Menschheit begann im Grunde in dem Moment, da die Menschen gelernt hatten, ihre Erfahrungen an die nachfolgenden Generationen weiterzugeben, zunächst mündlich, dann auch schriftlich. Erinnerung ist das Festhalten von Vergangenem. Doch sie hat nur dann einen Sinn, wenn es jemanden gibt, der das Festgehaltene zu verstehen vermag. Der Wunsch nach umfassender Erforschung der Geschichte der Menschheit seit ihren Ursprüngen motiviert Historiker, Texte in unbekannten Sprachen zu entschlüsseln, hinterlassen von untergegangenen Völkern.

Doch unendlich viele kleine, private Geschichten von Menschen, die keine Heerführer oder Schriftsteller waren, keine Wissenschaftler oder Philosophen, Geschichten von Millionen einfachen Menschen, gehen verloren, weil sie keine Zuhörer hatten oder weil auch diese Zuhörer gestorben sind. Hinzu kommt, dass wir in der schnelllebigen heutigen Zeit kaum innehalten oder zurückblicken, um die Erfahrungen unserer Vorfahren zu verarbeiten. Doch es ist ein großer Verlust für die Menschheit als Ganzes, wenn sie darauf verzichtet, sich an ihre oft schwere Vergangenheit zu erinnern. Die Ignoranz gegenüber dem Vergangenen birgt die Gefahr, dass die gleichen ungeheuerlichen Fehler wieder und wieder begangen werden.

Dies ist ein Buch, für das es lohnt, ein paar Stunden in der Hektik des Alltags innezuhalten, um es zur Hand zu nehmen und zu lesen. Olga Gromowas »Zuckerkind« erzählt mit literarischen Mitteln von der Kindheit eines ganz außergewöhnlichen und begabten Mädchens – Stella Nudolskaja. Sie erlitt ein Schicksal, das sie mit Tausenden sowjetischer Kinder teilte. Ihre Kindheit fiel in die Vorkriegs- und Kriegsjahre, als die Stalinschen Repressionen das gesamte Land erfassten und Millionen Menschen verfolgt wurden: Manche wurden erschossen, andere für viele Jahre in Lager gesperrt; ihre Angehörigen wurden verbannt, ihre Kinder oft in Kinderheime gesteckt.

Die dramatische Geschichte von Stella Nudolskaja beginnt mit einer erschütternden Szene: Das kleine Mädchen wacht auf und sieht, wie seine Mama und seine Oma den aufgeschlitzten Bauch seines Plüschteddys wieder zunähen. Sie können dem Kind nicht erklären, dass es in der Nacht eine Haussuchung gegeben hat, dass der Vater verhaftet wurde und die KGB-Leute den Teddybauch aufgeschlitzt haben, weil sie darin Belastungsmaterial gegen den Vater suchten.

Stella und ihre Mutter wurden verhaftet und nach Kirgisien geschickt, in ein Lager für Angehörige von Heimatverrätern. Damit begann ein Leidensweg, den Mutter und Tochter mit großem Mut meisterten. Wir erfahren, wie der brutalen, bedrohlichen Staatsmaschinerie immer wieder Wunder menschlicher Güte entgegengesetzt werden, die überleben helfen. Tatsächlich treffen Mutter und Tochter in jeder für sie lebensbedrohlichen Situation auf einen guten Menschen, der sie rettet. Selbst unter den Tscheka-Leuten findet sich ein Mann, der ihnen hilft.

Es ist also eine fast märchenhafte Geschichte. Wenn man so will, eine ganze Kette von Wundern. Und das letzte Wunder in dieser Kette ist womöglich, dass Stella Nudolskaja im hohen Alter auf die Schriftstellerin Olga Gromowa traf, die Stellas erstaunliche Geschichte für uns aufgeschrieben hat.

Doch mir scheint, diese Wunder folgen einer gewissen Gesetzmäßigkeit. Das kleine Mädchen und ihre Mutter sind Menschen von außerordentlicher Aufrichtigkeit, Güte und moralischer Stärke. Sie bewältigen den Weg schrecklicher Prüfungen mit großem Mut und großer Dankbarkeit für die Menschen, die ihnen helfen.

In grausamen Zeiten sterben bekanntlich vor allem die Schwachen. Doch diese beiden Menschen besitzen eine solche moralische Kraft und ein solches Vertrauen in die Welt, dass auch die Menschen um sie herum sich ihnen gegenüber stets großmütig zeigen. Darum liegt vor uns nun eine seltene Geschichte mit glücklichem Ausgang.

Die russische Organisation MEMORIAL veranstaltet seit zwanzig Jahren einen Aufsatzwettbewerb für ältere Schüler: »Der Mensch in der Geschichte«. Dabei werden rund zweitausend Aufsätze aus allen Gegenden Russlands eingereicht, von Archangelsk bis Magadan, und der Großteil dieser Einsendungen beschäftigt sich mit dem Schicksal der Großeltern und Urgroßeltern der Schüler, Altersgenossen von Stella Nudolskaja. Jedes Jahr veröffentlicht MEMORIAL einen dicken Band mit diesen Aufsätzen – ein Konzentrat menschlicher Erinnerung. Diese Aufsätze sind eher historische Forschungen als literarische Prosa, und die Geschichten, von denen sie erzählen, enden bei Weitem nicht immer mit dem Triumph des Guten.

Jeder Mensch hat irgendwann im Leben die Wahl: Willst du dem Guten dienen oder dem Bösen? Diese Frage ist auch heute noch aktuell, vielleicht nur etwas komplizierter, denn das Böse tarnt sich geschickt als das Gute, und es erfordert einige geistige Anstrengung, das eine vom anderen zu unterscheiden.

Olga Gromowas Buch ist ungeachtet seiner dokumentarischen Grundlage ein wunderbares literarisches Werk. Es bietet uns keine Überlebensrezepte an, es erzählt einfach vom Schicksal zweier zarter Wesen, die durch ihren persönlichen Mut und das Mitgefühl anderer Menschen überlebt haben. Es ist ein Lehrstück über den Sieg von Individuen über das große Böse, und damit eine wichtige Lehre für uns alle. Damit wir wissen: Der Schwache kann den Starken besiegen.

Ljudmila Ulitzkaja

Zuckerkind

Geschichte eines Mädchens aus dem vorigen Jahrhundert,
erzählt von Stella Nudolskaja

Für Stella und Erik
Ich habe mein Versprechen gehalten.
O. G.

Prolog

Ich mag nicht mehr an Unterricht denken, generell nicht und konkret nicht an den Deutschunterricht – so schön ist draußen der Frühherbst mit der hellen Herbstsonne, so sehr zieht es mich in den Wald in unserem Moskauer Vorort. Ich höre mit halbem Ohr zu, als die Lehrerin die Ergebnisse der Leistungskontrolle bekannt gibt. »Nudolskaja – eine Drei …« Habe ich mich etwa verhört? Die Klasse brummt verständnislos, verstummt jedoch rasch unter dem strengen Blick der neuen Deutschlehrerin. Meine Mitschüler in den ersten Bankreihen drehen sich erstaunt zu mir um: Meine zweite Drei in Deutsch in einer Woche. Alle wissen, dass ich Deutsch fast so gut spreche wie Russisch und in einem Schuldiktat auf keinen Fall eine Drei geschrieben haben kann.

Und plötzlich verstehe ich. Die kürzliche Drei in Russisch für den Aufsatz (die Lehrerin hat gesagt, ich hätte stilistische Fehler gemacht und das Thema nicht erfasst) und die Drei heute erscheinen mir nicht mehr so verwunderlich. Kränkend – ja, ungerecht – natürlich … Doch in diesem Augenblick wird mir klar, dass sich die Dreien jetzt, in der Abschlussklasse, unweigerlich häufen werden, egal, wie sehr ich mich bemühe. Und am Ende des Schuljahres werde ich in Russisch und in Deutsch nur eine Zwei bekommen. Also keine Gold-, nicht einmal eine Silbermedaille, trotz aller Einserzeugnisse der vergangenen Jahre.

Nun höre ich gar nicht mehr zu. Ich denke nach. Klar, dass

die Zwei in Russisch feststeht – also keine Medaille. Zwar kann man sogar mit zwei Zweien auf dem Abschlusszeugnis eine Medaille erhalten, nicht aber mit einer Zwei in Russisch. Das ist Gesetz. Und so wird es wohl kommen. Kränkend und unverständlich finde ich nur, warum ich auch in meinem geliebten Deutsch eine Zwei bekommen soll. Nicht in Mathematik, nicht in Physik … Vielleicht, weil unsere neue Klassenlehrerin Deutsch unterrichtet und es offenkundig nicht besonders gut beherrscht … und deshalb niemanden mag, der es besser kann als sie? Oder wurde sie einfach beauftragt, eine »Weisung« umzusetzen, weil sie erst seit Kurzem in unserer Siedlung wohnt und noch ein bisschen fremd ist?

Meine Mutter unterrichtet auch Deutsch. In derselben Schule. Aber sie darf nicht in den höheren Klassen unterrichten, nur von der fünften bis zur siebten. Wir wohnen bei der Schule – in einer kleinen Dienstwohnung. Mama wird natürlich traurig sein wegen meiner Deutschzensur, aber ich weiß genau, dass weder sie noch ich deswegen streiten werden. Oder irgendwem irgendwas erklären. Und meine Klassenkameraden … ach, die werden sich eine Weile wundern und sich dann daran gewöhnen. In der zehnten Klasse hat jeder mit sich zu tun.

Später, irgendwann einmal … wenn es nicht mehr gefährlich ist … dann werde ich meine Geschichte erzählen, wenigstens den engsten Freunden. Aber das wird nicht so bald sein. Wenn überhaupt jemals. Vorerst kann ich mich nur stumm daran erinnern.

I

Spiel

Heute beim Abendbrot waren wir im Zauberland der Elfen und Gnome, wo, wie jeder weiß, Milch und Honig fließen und die Ufer aus Pudding sind. In den tiefen Tellern mit festem leuchtendem Beerenpudding und einem Ring aus Milch drum herum mussten Staudämme gebaut werden, damit Milchflüsse in Puddingbetten fließen konnten. Tut man das sorgfältig und nicht zu hastig, entsteht auf dem Teller eine Landkarte mit Seen, Flüssen, Bächen und einem Ozean drum herum. Wir bauen lange, dann vergleichen wir, bei wem es am besten aussieht: bei mir, bei Mama oder bei Papa. Papa hat es sogar geschafft, einen Puddingberg zu bauen, und behauptet, in ihm entspringe der Milchfluss. Während wir die Bilder auf den Tellern betrachten, zerfließt der Berg, und es entsteht ein trübes Meer. Mama und ich lachen, und die Njanja knurrt: »Wie die kleinen Kinder, nur Spielereien im Kopf.«

»Na schön, Schnuffi«, sagt Papa, »schnell den Pudding aufessen und ab ins Bett.«

»Gibt's noch ein Märchen?«

»Klar gibt's ein Märchen. Heute bin ich dran.«

»Kannst du nicht gleich anfangen, damit ich weiß, wovon es handelt, und dann gehe ich mir die Zähne putzen und mich waschen?«

»Vor langer, langer Zeit …«

»Als die Sonne noch heller schien und das Wasser nasser war?«

Stella mit ihren Eltern, Moskau, Frühjahr 1932.

»Meine Güte, wo hast du das denn her?«

»So erzählt Poljuschka ihr Märchen«, sagt Mama lächelnd.

Poljuschka ist meine Njanja. Sie nennt mich übrigens nie Schnuffi. Sie findet, das ist ein Hundename, und schimpft, wenn mich jemand so nennt. Aber Papa hat keine Angst vor ihrem Schimpfen.

»Lenkt mich nicht ab. Also … Vor langer, langer Zeit lebte in Moskau eine Familie: ein Papa, eine Mama, eine Njanja und ein ganz kleines Mädchen. Der Papa hieß … Papa. Die Mama … Der Papa nannte sie Julenka, Mamas ältere Schwestern sagten Ljusska, ihr Bruder Punetschka.«

»Der Bruder – ist das Onkel Lapa?«

»Na ja, zum Beispiel, obwohl ihn eigentlich niemand so nennt, nur ein kleines Mädchen. Dieses Mädchen aber wurde lange Zeit ganz verschieden genannt, nur nie beim Namen … Denn es hatte keinen Namen.«

»Das ist ein Märchen über mich, ja? Kommen auch Abenteuer drin vor?«

»Ja, ja. Aber erst waschen und ins Bett.«

Die Geschichten, die Mama mir vorliest oder erzählt, oft in verschiedenen Sprachen, handeln von Göttern, Helden und Zauberern. Papa dagegen erzählt selten »richtige« Märchen, also Volksmärchen oder welche aus der Literatur – er erfindet sie meistens aus dem Stegreif. Ich gehe mich schnell waschen, voller Vorfreude auf ein Märchen über mich selbst, denn die wahre Geschichte darüber, dass ich lange keinen Namen hatte und wie ich dann schließlich einen bekam, die kenne ich schon.

Alle Anzeichen sprachen für einen Jungen, und den wollten meine Eltern Genrich nennen. Und plötzlich kam vor der Zeit etwas Winziges auf die Welt, ein Achtel weniger als fünf Pfund* schwer (so rechnete die Njanja auf alte Weise), gute vierzig Zentimeter lang, und war ein Mädchen. Die Eltern konnten sich eine ganze Weile nicht entscheiden, wie das überraschende Wesen heißen sollte.

Solange noch kein Bett für mich da war, schlief ich in einem Koffer, der auf einem großen Stuhl stand, der Deckel war an der Stuhllehne festgebunden. Und ich wurde Schnuffi, Buba oder sonst wie genannt. Doch das kleine Geschöpf musste einen Namen bekommen. Papa gefielen die einen Namen, Mama hingegen andere, und die beiden stritten endlos.

Ein Freund der Familie schlug vor: »Nennt das Mädchen Mussór – das heißt auf Türkisch ›Stern‹.«

Aber Mama wollte ihre Tochter nicht Mússor nennen, denn das bedeutet auf Russisch Müll. Meine Eltern hätten sich noch lange gestritten, wäre nicht eines Tages ein strenger Brief mit Androhung einer Strafe ins Haus geflattert, der sie ermahnte, sie hätten ihre Tochter in einem Standesamt anzumelden.

Sie gingen zu dritt hin: Papa, Mama und ihr Freund Alexander. Während die Eltern am Fenster im Flur stritten, wie

* Übertragen auf das metrische System wog Stella bei ihrer Geburt 1,95 kg (Hier und im Folgenden Anm. der Autorin).

ihr kleines Wunder heißen sollte, übergaben sie das Kind ihrem Freund, er sollte es halten, bis sie sich geeinigt hätten. Der Freund ging leise in die Amtsstube (aus der die Eltern eine halbe Stunde zuvor hinausgeworfen worden waren, damit sie im Flur zu Ende stritten) und meldete das Kind an, zum Glück hatte Onkel Alexander ja sowohl das Kind als auch die

nötigen Papiere bei sich. Mit dem Gefühl, seine Pflicht erfüllt zu haben, riet er den Eltern, ein andermal zu Ende zu streiten, denn dieses Kind heiße nun Stella und das bedeute auf Lateinisch »Stern«.

Als die Njanja Polja ins Haus kam, erfand sie eine Koseform des Namens Stella – Elja. Von da an wurde ich von meinen Nächsten so genannt.

An Papas Gesicht kann ich mich nicht erinnern. Dafür an seine Manteltasche. Wenn ich den Arm hineinsteckte (fast bis zur Schulter), fand ich darin immer eine Leckerei. Ich erinnere mich an seine große warme Hand, an der ich mich festhielt, wenn wir an freien Tagen spazieren gingen. Und an seine Stimme – sehr tief und samtig. Und nun erzählt mir Papa ein Märchen. Wie ein kleines, aber mutiges Mädchen seine Mama vor bösen Räubern rettet und sich dabei ihren Namen verdient – Sternchen.

Papa und Mama waren beide sehr musikalisch. Mama setzte sich abends ans Klavier, und sie sangen zu zweit. Das war schön. Ich mochte es sehr, wenn sie Massenets *Elegie* sangen. Natürlich wusste ich damals nicht, was eine Elegie ist und wer Massenet war, ich hielt das für ein einziges langes Wort »Massneelegie«, aber das Wort war genauso schön wie die Musik.

Meine Eltern arbeiteten beide, und sie arbeiteten viel. Aber wenn sie zu Hause waren und ich noch nicht schlief, schien ihre ganze Zeit mir zu gehören. Nie sagten sie: »Geh weg«, »Beschäftige dich mit deinen Spielsachen«, »Ich hab keine

Zeit« oder »Darüber reden wir später«. Heute kommt es mir vor, als hätten wir ständig gespielt.

Neben Russisch sprachen meine Eltern mit mir seit meiner frühesten Kindheit auch Deutsch und Französisch, und mit drei Jahren verstand ich alle drei Sprachen gleich gut und sprach sie bald mühelos. Nicht nur russische, sondern auch deutsche und französische Märchen und Geschichten wurden mir in der Originalsprache erzählt.

Meine Mama konnte sehr gut zeichnen und malte beim Erzählen oft gleich Bilder zu ihren Geschichten.

Ich bekam häufig Geschenke – sie waren stets in Papier eingewickelt und mit Bindfaden zugebunden, den ich selbst aufschnüren musste.

Einmal brachte mir Papa ein riesiges Paket mit.

Er stellte es auf den Boden und sagte: »Was mag da wohl drin sein? Schnür es sorgfältig auf und schau nach.«

Zuerst untersuchte ich Papas Manteltasche – darin lag ein

Stellas junge Eltern, um 1930.

kleiner rotbäckiger Apfel. Dann ging ich um das Paket herum. Es stand auf dem Fußboden, war sehr lang, höher als ich, und wackelte leicht. Ich musste alle Knoten aufbinden und nachschauen …

»Na los, kleiner Mensch, keine Bange!«

Das waren sehr wichtige Worte. Wenn meine Eltern mit mir zufrieden waren, sagten sie »guter kleiner Mensch«, das höchste Lob war »guter Mensch«.

Der Begriff »guter Mensch« umfasste vieles.

Ein guter Mensch macht alles selbst.

Ein Mensch kann alles selbst, anfangs mithilfe eines anderen, dann allein. Mit dreieinhalb Jahren zum Beispiel kann sich ein Mensch allein anziehen und waschen. Und wenn er etwas älter ist, spielt er natürlich auch allein, weil er schon ziemlich viel weiß und sich aus allen Geschichten, die er kennt, verschiedene eigene ausdenken kann.

Ein guter Mensch fürchtet sich vor nichts.

Stella mit knapp drei Jahren, Mai 1934.

Angst hat nur, wer sich fürchtet. Wenn du dich vor nichts fürchtest, hast du nie Angst. Dann bist du ein mutiger Mensch.

Ein guter Mensch löst alle Knoten selbst.

Der Mensch stößt im Leben auf viele Knoten, und die muss er lösen können. Am einfachsten ist es, sie zu zerschneiden, aber er muss lernen, sie aufzuschnüren.

An meiner Kinderzimmerwand waren zwei dünne Leinen
befestigt, an denen ich Knoten binden und aufknüpfen lernte, ganz verschiedene: Schleifen, Einfach- und Doppelknoten. Papa brachte mir einen Seemannsknoten bei, der hält fest und sicher, lässt sich aber auch leicht wieder lösen.

Also, ich musste die Knoten lösen, und das konnte ich allein.

Ich hatte lange zu tun. Schließlich war das Papier ab, und auf dem Boden stand ein PFERD! Ein Apfelschimmel, Schweif und Mähne hell, Sattel und Zaumzeug rot, und echte Steigbügel!

»Kühn schwing ich mich in den Sattel, bin ein mutiger Kosak!« Hurra! Der Sattel knarrte, das Pferd galoppierte! Hurra!

Das Pferd, ich nannte es Grauer, wurde für lange Zeit mein liebstes Spielzeug. Tauschte ich den Hut mit der Feder gegen einen Papphelm, wurde aus dem schönen Prinzen ein kühner Ritter. Ich befreite eine Prinzessin, indem ich den dreiköpfigen Drachen enthauptete, und kämpfte gegen die Mongolen wie Jewpati Kolowrat*. Ich vermute, meine Verwandlung in den jeweiligen Tageshelden wurde immer von der Einschlafgeschichte des Vorabends beeinflusst.

Auch draußen war ich sehr gern. Da gab es viel Interessantes: Auf dem Boulevard schlenderten Menschen, liefen Hunde herum, zwitscherten allerlei Vögel – hier ging ich mit Mama, Papa oder meiner Njanja spazieren. Auf unserem Hof, auf den ich seit meinem fünften Lebensjahr allein durfte, konnte ich Ball spielen, Springseil springen, im Sandkasten eine Burg bauen und mich manchmal auch ein bisschen raufen. Letzte-

* Russischer Bojar und Feldherr im 13. Jh. (Anm. d. Übers.).

res war besonders aufregend, vor allem, seit ich gelernt hatte, nicht zu verlieren.

Eines Tages kam ich laut heulend nach Hause, mit aufgeschlagener und geschwollener Nase, aus der Blut tropfte. Bei jedem Tropfen, den ich sah, heulte ich auf.

Papa nahm mich auf den Schoß, bog mir den Kopf in den Nacken, legte ein nasses Taschentuch auf meine Nasenwurzel und fragte: »Es tut weh und ist kränkend?«

Weinend nickte ich.

»Weißt du, bei einer Prügelei verliert immer der, der als Erster anfängt zu weinen. Wer nicht weint, gewinnt immer.«

Ich schluchzte krampfhaft und fing wieder an zu weinen.

»Du kannst das Weinen nicht unterdrücken?«

Nicken.

»Probieren wir es doch mal, vielleicht geht es ja? Wir atmen ein und versuchen es zusammen. Los geht's … Tief einatmen, anhalten, ausatmen – huuu!«

Der Schmerz verging, und ich musste auch nicht mehr weinen.

»Na, alles gut, kleiner Mensch? Man muss etwas aushalten können, unbedingt. Merkst du dir das?«

Ein guter Mensch kann etwas aushalten.

Wie sich herausstellte, war das Aushalten gar nicht so schwer. Anstatt zu weinen, einfach tief einatmen und warten. Wenn du nicht gleich losheulst, ist es lächerlich, später damit anzufangen. Ich stellte fest, dass das sehr hilfreich war bei Prügeleien. Ich konnte sogar Borka verprügeln, der schon ganze sechs Jahre alt war und mich immer als »Mamakind« hänselte.

Ich besaß natürlich sehr viel Spielzeug. Erstens mehrere Sätze Alphabet-Bauklötze, außerdem solche, die sich zu Bildern zusammenlegen ließen. Und ganz alte, thematische Bausteine, mit denen schon meine Mama gespielt hatte: Eine Schach-

Der vierjährige kleine Wildfang,
Herbst (?) 1935.

tel »Afrika« mit Abbildungen von Wüsten, Savannen, Affenbrotbäumen, Krokodilen, Nashörnern, Sphinxen, Afrikanern, Zebras, Giraffen, ägyptischen Pyramiden und vom Nil; eine Schachtel »Amerika« – Indianer, Bisons, Einbäume, Wigwams, schwarze Sklaven in Ketten auf Plantagen; eine Schachtel »Asien« – Chinesen, Japaner, Hindus, Pagoden, Kobras, Mungos, Elefanten, Affen; eine Schachtel »Australien« – Kängurus, Dingos, Ameisenbären, Aborigins. Die Bilder waren bunt und eindrucksvoll. An den Wänden bei uns zu Hause hingen zwei Karten: eine politische Weltkarte im großen Zimmer und eine riesige Karte der beiden Erdhalbkugeln im Kinderzimmer. Die hing ganz tief, damit ich alle Abbildungen darauf genau erkennen konnte, und ließ sich abnehmen und auf den Boden legen.

Unser Lieblingsspiel war »Wer lebt wo?«. Wir legten uns alle drei auf den Boden, um die Karte herum, und verteilten darauf, zum Beispiel auf Afrika, die Bauklötze mit den afrikanischen

Bildern. Nebenbei erzählten mir Mama und Papa von den Bräuchen, der Bevölkerung, dem Klima und der Geschichte der Kontinente und von Menschen, die sie bereist hatten.

Aus dem Stegreif entstanden neue Spiele: Selbst gebastelte Papierschiffchen legten an der Elfenbeinküste an, entführten Afrikaner, brachten sie über den Ozean und verkauften sie auf dem Sklavenmarkt in Amerika, wo Lincoln sie dann befreite. Alle Spiele endeten mit dem Sieg des Guten über das Böse.

Wenn wir an Feiertagen zum Essen den großen ovalen Tisch deckten, spielten wir »König Artus' Tafelrunde«, mit dem König und seinen tapferen Rittern. Natürlich durfte der tapfere Lancelot – also ich – beim Essen nicht zappeln, schmatzen oder ungeschickt mit Messer und Gabel umgehen.

Oft machten wir Versspiele. Wenn Mama mit mir spazieren ging, wusste sie immer ein schönes Gedicht über das, was wir sahen: Vögel, Hunde, Gras, Bäume, Gewitter, Regen, Frühling, Sommer, Herbst, Winter – praktisch über alles. Es waren schöne und einprägsame Verse. Später wetteiferten wir, wem als Erstem ein Gedicht einfiel über etwas, was wir gerade sahen.

Manchmal spielten wir alle zusammen Jahreszeiten. Zum Beispiel »Herbst« – dann zitierten wir der Reihe nach Zeilen aus Herbstgedichten. Wir spielten gleichberechtigt: Meine Eltern zitierten nie Verse, die ich schon kannte, und ich kannte zu der Zeit schon viele Gedichte.

Überhaupt lasen wir oft Verse. Meine gereimten Lieblingsmärchen lasen wir so oft, dass ich sie bald auswendig kannte. Dann sprachen wir sie abwechselnd: Mama eine Zeile, ich die nächste und so weiter.

Doch das schönste Spiel begann, wenn uns Mamas Bruder Onkel Lapa besuchte! Er lebte damals in der Stadt Gorki und kam manchmal auf Dienstreisen nach Moskau. Das war immer ein großes Fest.

Erstens brachte mir Onkel Lapa immer eine sogenannte Schokoladenbombe mit, eine hohle Schokoladenkugel. Es gab ganz verschiedene: von ganz kleinen, nicht größer als eine Hand, bis zu riesigen, so groß wie ein Ball. Sie waren in Gold- oder Silberpapier gewickelt, und darin lag immer ein kleines Spielzeug. Eine meiner liebsten Spielsachen stammte aus einer großen Schokoladenbombe – der Negerjunge Tom,
eine Zelluloidpuppe, so groß wie meine Handfläche, dessen Kopf, Arme und Beine sich bewegen ließen.

Zweitens stand bei uns zu Hause immer alles kopf, wenn der Onkel zu Besuch kam. Aus Tisch und Stühlen wurden Festungen, Fregatten, Kamelkarawanen – überhaupt alles, was wir wollten. Wir entdeckten Amerika, durchquerten auf der Suche nach Schätzen die Wüste, erstürmten die Bastille und sangen auf ihren Trümmern auf Französisch die Marseillaise.

Ein wichtiger Teil unseres Lebens waren die Bücher. Jede Menge Bücher. Auf meinen Regalen standen mehrere Bände »Brehms Tierleben« mit großartigen Abbildungen, Bücher mit Bildern von lebenden und prähistorischen Tieren und viele Kunstbände mit Reproduktionen von Gemälden russischer und europäischer Maler. Ich betrachtete die Bilder sehr gern, obwohl ich die Unterschriften noch nicht selbst lesen konnte.

Wir hatten Kinderzeitschriften abonniert und kauften viele Bücher. Jedes neue Buch lasen wir gemeinsam: Wir setzten uns nach dem Abendessen an den runden Tisch, und Mama las vor. Das konnte sie wunderbar!

Es wurmte mich immer, dass ich tagsüber nicht allein lesen konnte, ich musste warten, bis die Njanja Zeit hatte. Eines Tages nahm ich mir vor lauter Ärger die Puschkin-Märchen, die ich schon auswendig kannte, schlug die Seite mit dem Bild der »Drei Mädchen am Fenster« auf, stellte das Buch auf den

Tisch und legte Buchstabenklötze in derselben Reihenfolge aneinander wie die Buchstaben im Märchenband. Eine Zeile reichte über den ganzen Tisch. Ich weiß nicht mehr, was daraus wurde, aber ich erinnere mich, dass ich ein gewaltiges Geheul anstimmte, als mich die Njanja vor dem Essen aufforderte, alles wegzuräumen. Wie ich lesen gelernt habe, weiß ich nicht mehr, aber im August 1935, als ich vier Jahre alt wurde, las ich schon sicher, wenn auch noch nicht sehr flüssig.

Unter den vielen Geschenken zu diesem Geburtstag war auch ein dickes großes Buch, auf dessen blauem Kalikoeinband in Silberprägung der Titel »Zaubermärchen« stand. Die meisten Märchen kannte ich, die hatte mir Mama erzählt. Doch nun konnte ich sie selbst lesen! Am nächsten Tag, als die Njanja für längere Zeit außer Haus war, begann ich zu lesen, das Märchen »Riquet mit dem Schopf«. Ich hatte fast zwei Seiten gelesen, als ich auf das seltsame Wort »jeje« stieß. Das war mir noch nie begegnet, ich wusste nicht, was es bedeutet. Hätte ich den Satz bis zum Ende gelesen, würde ich es bestimmt verstanden haben, aber ich erlag einem Tabu: Man darf nichts auslassen und einfach etwas Neues anfangen, bevor man das Angefangene zu Ende gebracht hat. Also blieb ich stecken. Erst grübelte und überlegte ich, was das seltsame Wort heißen könnte, doch schließlich fing ich an zu weinen. Wütend auf das Buch und auf das gemeine Wort, befeuchtete ich meinen Finger mit Spucke und wischte es weg. Es entstand ein Loch. Düster verkroch ich mich unterm Tisch und wartete auf die Erwachsenen. Das aufgeschlagene Buch mit dem Loch auf der Seite lag neben mir.

Als Erste kehrte die Njanja zurück.

Ich erzählte ihr von der Gemeinheit im Buch und bekam zur Antwort: »Wenn zwei ›je‹ nebeneinanderstehen und es kein Wort ergibt, dann ist ein ›je‹ ein ›jo‹*. Versuch's mal.«

Natürlich funktionierte es! So beruhigt, vergaß ich sogar,

* »jejo« – Genitiv oder Akkusativ von »ona« – sie (Anm. d. Übers).

Stella mit ihrer Njanja, 1933.

dass das Loch im Buch eine Schande war (genau das sagte Mama dann: »Eine Schande! Das Buch kann doch nichts dafür, dass du etwas nicht weißt. Jemand hat sich damit Mühe gegeben, und du hast es verdorben.«), setzte mich hin und las weiter. Allerdings muss ich gestehen, dass die Zaubermärchen in diesem Buch weniger spannend waren als die von Mama. Und Mamas Fee aus der Geschichte vom Aschenputtel war eine viel bessere Zauberin als die im Buch. Mamas Fee machte die Kutsche, die Pferde, den Kutscher und die Diener aus nichts, sie schwenkte nur den Zauberstab, die Fee im Buch dagegen benutzte einen Kürbis, Mäuse und Ratten, was natürlich viel einfacher ist.

Ich war sehr stolz darauf, dass ich nun selbst alles lesen konnte, was ich wollte. Am liebsten las ich die Bildunterschriften unter den Gemäldereproduktionen in den Kunstbänden, obwohl ich die Hälfte der Worte nicht verstand. Außerdem las ich gern die winzigen Minibücher mit Versen und kurzen Geschichten.

Als ich älter war, erfand ich ein neues Lieblingsspiel, mit dem ich mich tagsüber beschäftigte, wenn meine Eltern nicht da waren. Ich versuchte, reale Geschichten oder Märchen so umzudichten, dass der Held gerettet wird und alles ein glückliches Ende nimmt. Dabei rief ich sämtliche historischen und Märchenfiguren zu Hilfe, von denen mir meine Eltern erzählt hatten. Ich überlegte mir, was zu tun war, und abends hörte sich Papa alles an, gab mir Ratschläge und verwies auf Schwachstellen in meinem Plan.

Ein Beispiel: Jeanne d'Arc soll vor der Hinrichtung gerettet werden.

Papa erklärt mir die konkrete Situation: Hier auf der Karte ist Frankreich, hier die Stadt Rouen, am besten greift man von allen vier Seiten an. Die Franzosen holt man lieber nicht zu Hilfe, denn sie alle halten Jeanne für eine Hexe.

Am Tag überlege ich mir alles, am Abend halten wir »Kriegsrat«. Nach meinem Plan greift von Süden her Spartakus mit seinem Sklavenheer an, von Westen König Artus mit seinen tapferen Rittern, von Norden Alexander Newski und von Osten Dmitri Donskoi mit den drei Recken und ihren Mannen.

Papa: »Schlau. Aber denk dran, dass die drei Recken in Kiew leben und dass Dmitri Donskoi einen langen Weg hat und auch noch das Gebirge überwinden muss. Und überleg dir, wie wir den Tag der Hinrichtung rechtzeitig erfahren und wie wir ihn allen mitteilen können.«

Zum nächsten Abend ist der Plan entworfen: Als im Keller der Inquisition das Urteil über Jeanne gefällt wird, hören es die Mäuse und übermitteln es an Boten: Nach England fliegt ein Rabe, nach Nowgorod ein Falke, nach Rom schickt Amor die Botschaft mit einem Pfeil, und nach Moskau geben Elstern sie wie per Telegraf von einer zur anderen weiter. Für den Weg übers Gebirge wird Suworow zu Hilfe gerufen. Zum Beweis öffne ich den Bildband auf der Seite mit Wassili Surikows Gemälde: »Suworow überquert die Alpen«. Und wenn alle Teilnehmer des Feldzugs Schlitten mitnehmen, können sie von den hohen Bergen ganz schnell hinunterrodeln, bis nach Rouen. Schwierig wird es nur für das Heer von Alexander Newski – es sind nicht genug fliegende Teppiche für alle da.

Da weiß Mama Rat: »Wir müssen die fliegenden Pferde der Dichter zu Hilfe rufen. Davon gibt es auf jeden Fall genug, schließlich hat jeder Dichter seinen eigenen Pegasus, und es gibt viele Dichter auf der Welt!«

So retten wir Jeanne d'Arc, und dann kämpft sie mit Alexander Newski in der Schlacht auf dem Peipussee gegen den Livländischen Orden und mit Dmitri Donskoi bei der Schlacht auf dem Schnepfenfeld gegen die mongolische Goldene Horde.

Und Sindbad der Seefahrer schwimmt zu dem Felsen, an den Prometheus gekettet ist, Graf Nobile setzt Robin Hood in sein Luftschiff und fliegt direkt zu Prometheus. Robin Hood tötet mit einem Pfeil den Adler, sie befreien Prometheus und fliegen alle zusammen mit dem Luftschiff los und entdecken den Nordpol.

Und schon ist Abend. Die Njanja bringt mich ins Bett, Mama setzt sich neben mich. Und noch einmal wird gezaubert: Mama erzählt mir eine Gutenachtgeschichte und singt mir zum Schluss leise ein Schlaflied. Ich schlafe ein.

Morgen kommt ein neuer Tag, und wieder werde ich glücklich sein.

2

Der Krieg gegen den Mausekönig

Als ich eines Morgens erwachte, sah ich, dass Mama und die Njanja meinen Plüschtieren, einem Tiger und einem Teddy, den Bauch zunähten. Mama sagte, in der Nacht habe es Krieg gegeben zwischen den Spielsachen und dem Mausekönig, Tiger und Teddy seien verletzt worden und würden nun geheilt. Es musste ein recht grausamer Krieg gewesen sein, denn im großen Zimmer lagen Sachen und sämtliche Bücher durcheinander auf dem Boden.

»Wo ist denn Papa?«, fragte ich.

»Der musste dringend nach Gorki«, antwortete Mama.

Wahrscheinlich war ihr sehr bitter* zumute, darum fiel ihr diese Stadt als Erstes ein. In dieser Nacht vom 13. zum 14. Februar 1936 wurde mein Papa verhaftet und fortgebracht. Ich war damals noch keine fünf Jahre alt.

An die Verhaftung und Durchsuchung selbst habe ich keine Erinnerungen: Ich hatte fest geschlafen und war nicht einmal aufgewacht, als mich jemand aus dem Bett hob, um es ebenfalls zu durchsuchen. Mama erzählte später, beim Anblick der Uniformierten hätte ich Verse aus der letzten Nummer der Kinderzeitschrift Mursylka deklamiert: »Wir haben eine rote Fahne, und der Kühnste darf sie tragen«, und sei sofort wieder eingeschlafen.

Das Leben ging weiter. Alles schien wie früher, aber Mama hatte die Arbeitsstelle gewechselt (aus dem Volkskommissariat

* Das Adjektiv »gorki« bedeutet auf Russisch »bitter« (Anm. d. Übers.).

für Landwirtschaft war sie am Tag nach der Verhaftung ihres Mannes entlassen worden), und offenbar war plötzlich viel weniger Geld im Haus als früher. Nun gab es bei uns kein Konfekt und kein Obst mehr und überhaupt nur noch selten »Leckereien«. Die Nachbarn aus der Gemeinschaftswohnung behandelten uns wie Luft. Eines Tages schlug Nachbar N Mama vor, unsere große Wohnung gegen sein kleines Zimmer zu tauschen, doch Mama lehnte ab. Kurz darauf erschien auf eine Anzeige von N hin eine Kommission, um unserer Familie den »überschüssigen Wohnraum« zu »entziehen«. Mama war arbeiten, nur die Njanja und ich waren zu Hause.

Um mich zu beschäftigen, drückte mir die Njanja zwei kleine Äpfel in die Hand und schickte mich hinaus ins leere Treppenhaus. Ich langweilte mich. Die Äpfel essen konnte ich nicht: Ich wusste, einen würde mir die Njanja heute Nach-

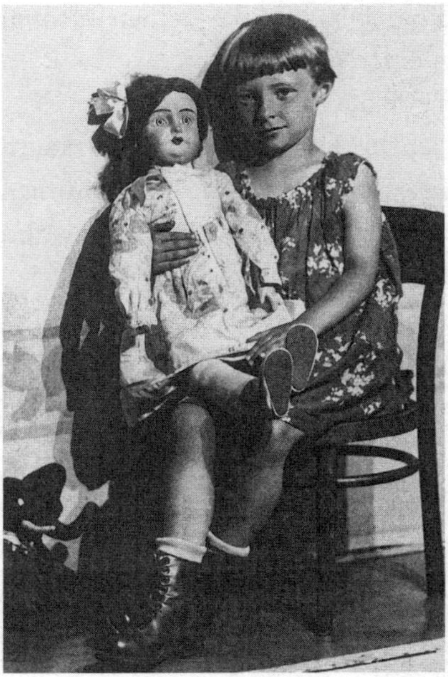

Foto für den Vater, aufgenommen, um es im Butyrka-Gefängnis abzugeben. Kurz danach wurde Natan Lichtmacher nach Sibirien abtransportiert. Anfang Juni 1936.

mittag geben, den anderen morgen. Offensichtlich wollte sie mich mit den Äpfeln von dem Erwachsenengespräch in der Wohnung ablenken. Als ob ich da unbedingt zuhören wollte! Die Tür ging auf, und ein Mann kam heraus. Er sah mich an.

»Was machst du denn hier?«

»Ich stehe hier. Und halte zwei Äpfel.«

»Gibst du mir einen? Ich finde es nämlich auch langweilig, hier zu stehen.«

Bereitwillig hielt ich ihm beide Äpfel hin – damit er sich einen aussuchte. Lachend nahm er beide, und sie verschwanden in seiner großen Hand. Es tat mir schrecklich leid um die Äpfel, aber wie sollte ich sie mir zurückholen? Wir redeten eine Weile, nannten unsere Namen; ich erfuhr, dass er Architekt war, sich also Häuser ausdachte, die gebaut werden sollten, und ich sagte, dass ich mir gern Geschichten ausdachte. Plötzlich hatte ich eine Idee, wie ich die beiden Äpfel zurückbekommen konnte.

»Wollen wir tauschen? Sie geben mir die beiden kleinen Äpfel, und ich bringe Ihnen einen großen?«

»Gut«, willigte er ein und reichte mir die Äpfel.

Ohne Hast verschwand ich in der Wohnung, doch kaum hatte ich die Tür geschlossen, rannte ich ins Kinderzimmer. Ich schob die Äpfel ganz weit unter mein Kopfkissen und ging brav wieder hinaus, die Hände hinterm Rücken.

Den Blick bescheiden gesenkt, sagte ich rasch: »Ich gebe Ihnen den großen Apfel, wenn ich selber groß bin, ja?«

»Abgemacht.« Er lachte. »Möchtest du Bonbons?«

»Danke, gern. Wenn Papa früher von der Arbeit kam, hatte er immer Äpfel oder Konfekt in der Tasche. Aber jetzt ist Papa weg, und Konfekt gibt's auch nicht mehr. Er ist sehr weit verreist und kommt nicht so bald zurück. Erst, wenn ich schon groß bin. Aber Mama und ich haben beschlossen, dass wir trotzdem auf ihn warten werden. Also warten wir.«

Die Kommission verschwand wieder und nahm meinen neuen Bekannten mit. Das Urteil des Kreisarchitekten lautete: »Da die Familie nur ein Zimmer bewohnt, das durch Sperrholzwände in mehrere Räume geteilt wurde, unterliegt der überschüssige Wohnraum nicht der Entziehung.« Tatsächlich war unsere Wohnung wohl früher einmal ein großer Salon mit drei Fenstern und einem Balkon gewesen. Mit Tapeten beklebte Sperrholzwände teilten ihn in Elternschlafzimmer, Kinderzimmer und eine Kammer ohne Fenster, in der die Njanja schlief.

Wir konnten unsere Wohnung behalten und wurden scheinbar in Ruhe gelassen. Damals wussten wir nicht, dass unser wütender Nachbar jetzt Mama bei allen erdenklichen Instanzen denunzierte.

Im Sommer 1936 kam eine Postkarte von Papa, ganz unten hatte er für mich in Großbuchstaben geschrieben, er sei weit fort und werde selten schreiben, aber wenn er genug Geld verdient habe, werde er heimkehren und mir ganz viele Spielsachen kaufen. Die Karte war schmutzig von Kohle (Vater hatte sie in der Nähe von Irkutsk aus dem Zug geworfen in der Hoffnung, jemand werde sie aufheben und in einen Briefkasten stecken), der Text war mikroskopisch klein geschrieben, und unter anderem stand da: »Wir werden an die Kolyma gebracht.« Doch das alles war für mich nebensächlich, ich hatte das Wichtigste verstanden: Papa würde irgendwann wiederkommen.

Mama spielte mit mir wie gewohnt alle unsere Spiele und sang mir vor. Aber es war still geworden bei uns zu Hause, es kamen keine Gäste mehr, und das Telefon war verstummt. Draußen auf dem Hof mieden mich die »anständigen« Kinder, dafür hörten die wilden Jungs auf, mich zu ärgern, und ließen mich sogar mitmachen bei ihren Spielen wie Räuber und Gendarm, Schlagball oder Schleuderstab und schimpf-

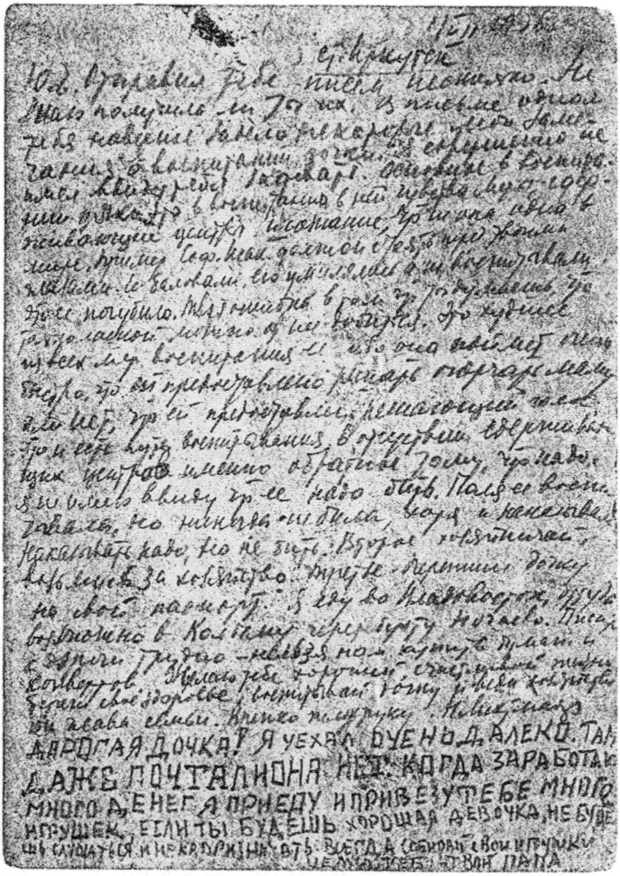
ДАРОГАЯ ДОЧКА! Я УЕХАЛ ОЧЕНЬ ДАЛЕКО. ТАМ
ДАЖЕ ПОЧТАЛИОНА НЕТ. КОГДА ЗАРАБОТАЮ
МНОГО ДЕНЕГ Я ПРИЕДУ И ПРИВЕЗУ ТЕБЕ МНОГО
ИГРУШЕК. ЕСЛИ ТЫ БУДЕШЬ ХОРОШАЯ ДЕВОЧКА, НЕ БУДЕ
ШЬ СЛУШАТЬСЯ И НЕ КАПРИЗНИЧАТЬ. ВСЕГДА СОБИРАЙ СВОИ ИГРУШКИ
ЦЕЛУЮ ТЕБЯ ТВОЙ ПАПА

ten nicht einmal, wenn ich den Stab mit meinem Stock nicht traf.

Abends erzählte mir Mama nach wie vor Geschichten – nun keine Märchen mehr, sondern von wahren Begebenheiten. Von mutigen Kapitänen, die ihrem Schwur treu waren, auf der Brücke blieben, wenn ihr Schiff sank, und die Flagge nicht einholten. Von Jeanne d'Arc, die auf dem Scheiterhaufen verbrannt wurde, von Kopernikus und Galilei. Von den Dekabristen und ihren Frauen. Von meinen Ururgroßvätern,

Postkarte vom Vater, auf der Bahnstation Irkutsk
aus dem Fenster des Häftlingstransports geworfen.
1. Juli 1936.
Übersetzung:
Bahnstation Irkutsk, 1.7.1936
J. J. Ich habe Dir mehrere Briefe geschickt, ich weiß nicht, ob Du sie erhalten hast. In einem meiner Briefe haben Dich vermutlich einige meiner Bemerkungen zur Erziehung unserer Tochter verletzt. Ich wollte Dich keineswegs verletzen. Die Hauptsache bei Eljas Erziehung ist, ihr ein Gefühl für das richtige Maß zu geben, ihr zügelnde Mechanismen zu vermitteln und das Bewusstsein, dass sie nicht allein auf der Welt ist. Du solltest immer das Beispiel von Sof. Issak. vor Augen haben. Sie wurde verwöhnt und bewundert, aber nicht erzogen. Das war ihr Verderben. Dein Fehler besteht darin, dass Du glaubst, nur mit Zärtlichkeit könne man bei ihr etwas erreichen. Das ist die schlechteste Erziehungsmethode für sie. Denn sie wird sehr schnell merken, dass sie entscheiden kann, ob sie Mama enttäuscht oder nicht, dass die Entscheidung bei ihr liegt.
Das ist Erziehung ohne zügelnde Mechanismen, genau das Gegenteil von dem, was nötig ist.
Ich meine nicht, dass Du sie schlagen sollst. Polja hat sie erzogen, ohne sie jemals zu schlagen, auch wenn sie sie bestraft hat. Bestrafen muss sein, aber nicht schlagen.
Zweitens – kümmere Dich um den Haushalt. Drittens – lass unsere Tochter in Deinen Pass eintragen.
Ich bin auf dem Weg nach Wladiwostok, und von dort möglicherweise über die Nogajew-Bucht an die Kolyma. Von unterwegs zu schreiben ist schwierig, wir können kein Papier und keine Kuverts kaufen. Ich wünsche Dir ein gutes, glückliches Leben, hüte Deine Gesundheit, erziehe unsere Tochter und führe den Haushalt als Familienoberhaupt. Ich drücke Dir fest die Hand!
N.

MEINE LIEBE TOCHTER! ICH BIN SEHR WEIT FORT. HIER GIBT ES NICHT EINMAL EINEN POSTBOTEN. WENN ICH VIEL GELD VERDIENT HABE, KOMME ICH WIEDER UND BRINGE DIR VIELE SPIELSACHEN MIT, WENN DU EIN BRAVES MÄDCHEN BIST, NICHT (unleserlich) HÖRST UND NICHT QUENGELST. RÄUM IMMER DEINE SPIELSACHEN AUF. KUSS. DEIN PAPA.

die unter Peter dem Großen Artillerieoffiziere gewesen waren, von meinen Ururgroßmüttern – Hofdamen Ihrer Kaiserlichen Hoheit. Von Ehre und Mut, von Treue zur Pflicht und zur Heimat.

Bald sprach Mama mit mir nicht mehr russisch, sondern nur noch deutsch und französisch, immer abwechselnd: einen Tag deutsch, einen Tag französisch. Russisch sprachen wir nur mit der Njanja. Sie war nicht beleidigt, sie bekreuzigte uns nur manchmal und flüsterte: »Gott schütze euch.«

Mama schlief nun in meinem Zimmer. Wir gewöhnten uns daran, zu zweit in einem Bett zu schlafen, Kopf an Fuß, um uns nicht gegenseitig zu stören. Auch das war ein interessantes Spiel. Unsere Wohnung war ja groß, wir mussten nicht unbedingt zu zweit auf dem schmalsten und härtesten Bett schlafen. Aber wir spielten, wir seien Dekabristenfrauen, die nach Sibirien gekommen sind, wo ihre verbannten Männer im Bergwerk arbeiten müssen, und da gibt es keine weichen Betten.

So verging ein ganzes Jahr.

Im Frühjahr 1937 brachte mich die Njanja für den ganzen Sommer in ihr Dorf. Mama hatte gesagt, falls sie für einige Zeit weit weg von zu Hause arbeiten müsse, würde ich so lange bei der Njanja in Dubjonki leben. Ich protestierte nicht.

Doch Anfang Juni kam Mama mich abholen – wir beide sollten sofort weg aus Moskau, weit weg, nach Mittelasien, die Fahrkarten waren schon gekauft. Die Njanja sagte entschie-

Wappen des Adelsgeschlechts Nudolski, aus dem Stellas Mutter Julia Nudolskaja stammte. Seite aus dem »Verzeichnis der von höchster Stelle bestätigten russischen Adelswappen, die nicht im Allgemeinen Wappenbuch eingetragen sind«, 1894.

Mit der Mutter und der Njanja vor der Abreise in die Verbannung, Juni 1937.

den: »Wir fahren zusammen nach Moskau. Ich helfe euch packen und bringe euch zum Zug. Ich weiß, was ihr mitnehmen müsst. Aus unserem Dorf mussten 1929 viele Menschen fort, nicht aus freien Stücken. Wer richtig gepackt hatte, konnte überleben.«

Die Tage bis zur Abreise waren randvoll. Die Njanja hatte ein großes Stück Haushaltswachstuch gekauft. Daraus wurde ein Sack genäht, in den ich bequem hineinpasste. Mama wollte für sich keinen solchen Sack, deshalb nähte die Njanja ein großes Quadrat aus Wachstuch, auf dem wir beide liegen und mit dem wir uns obendrein noch zudecken konnten.

Die Njanja redete auf Mama ein, das Wachstuch sei unbedingt notwendig, es werde uns vor Feuchtigkeit schützen, und im Fall des Falles könnten wir es verkaufen oder etwas dafür eintauschen. Wir sollten nur so viele Sachen bei uns haben, wie wir mühelos tragen konnten, also nur das Notwendigste in den Koffer packen, den wir mit ins Zugabteil nehmen

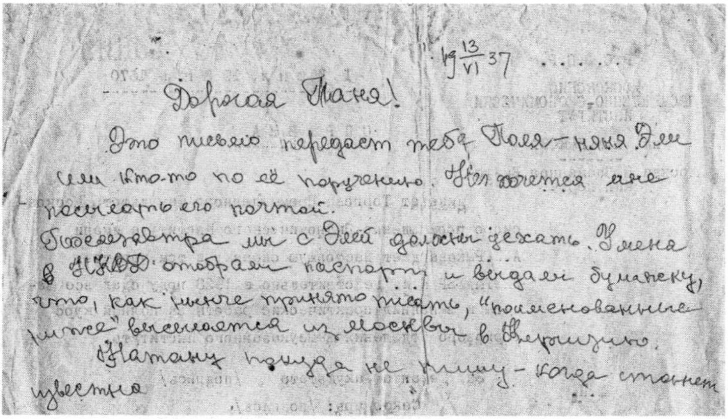
19 13/VI 37
Дорогая Таня!
Это письмо передаст тебе Поля — няня Эли или кто-то по её поручению. Не хочется посылать его почтой.
Послезавтра мы с Элей должны уехать. У меня в НКВД отобрали паспорт и выдали бумажку, что, как нынче принято писать, „поименованные лица" высылаются из Москвы в Киргизию.
Натану пока не пишу — когда станет известно

Entwurf einer Nachricht der Mutter an eine Freundin, 13. Juni 1937.
13.6.37
Liebe Tanja!
Diesen Brief überbringt Dir Polja, unsere Njanja, oder jemand in ihrem Auftrag. Ich will ihn nicht mit der Post schicken.
Übermorgen müssen Elja und ich abreisen. Im NKWD wurde mir mein Ausweis abgenommen und ein Papier ausgehändigt, dass, wie es heutzutage formuliert wird, »die unten Genannten« aus Moskau nach Kirgisien verbannt werden.
Natan schreibe ich zunächst nicht – erst, wenn ich weiß …

würden, und das übrige Gepäck aufgeben – sobald wir den genauen Ort unserer Verbannung wüssten, könnten wir den Gepäckschein vorlegen und es dorthin schicken lassen.

Kurz zuvor hatte Mama beim NKWD ihren Pass abgeben müssen und ein Papier erhalten, auf dem stand, »die unten Genannten«, also Mama und ich, würden »binnen drei Tagen aus Moskau in die Kirgisische SSR in die Stadt Tokmak-Kaganowitsch im Kreis Kalininskoje ausgewiesen«. Nach Ablauf der drei Tage würde man uns abholen, unsere Wohnung versiegeln und uns an den Verbannungsort deportieren. Mama fragte, ob sie nicht allein fahren und mich im Dorf zurücklassen dürfe, doch das wurde abgelehnt, denn die Verbannung gelte für uns beide.

Mama erklärte, sie werde es nicht schaffen, mich binnen drei Tagen aus dem Dorf abzuholen, und bat um Aufschub.

Offiziell war auch das nicht gestattet, aber der Beamte, der Mamas Fall bearbeitete, riet ihr: »Kaufen Sie an der Vorverkaufskasse eine Fahrkarte zum Verbannungsort, auf diese Weise verzögert sich Ihre Abreise um zwei Wochen. Wenn Sie eine Fahrkarte vorlegen, wird Ihnen der Aufschub gewährt. Immerhin spart der Staat so Geld – er muss nicht für Ihren Transport aufkommen.«

So geschah es.

Auf diese Weise entgingen wir dem Transport in einem Häftlingswaggon. Mama kaufte eine Fahrkarte bis Frunse*, dort sollte über unser weiteres Ziel entschieden werden, denn es hatte sich herausgestellt, dass die Stadt Tokmak nicht im Kreis Kalininskoje lag, und eine Stadt Kaganowitsch gab es damals noch gar nicht.

So traten Mama und ich im Sommer 1937 die Reise in die Verbannung an.

Einen großen Koffer hatten wir aufgegeben, einen zweiten, kleineren, nahmen wir mit ins Abteil. Wir fuhren erster Klasse, mit allem Komfort, und darin zeigte sich Mamas ganzer Charakter.

In diesem Zug Moskau – Frunse endete wohl meine normale Kindheit. Nun begann ein vollkommen anderes Spiel.

* Frunse war damals die Hauptstadt der Kirgisischen Sowjetrepublik, heute heißt die Stadt Bischkek und ist die Hauptstadt von Kirgistan.

3

Kein Spiel mehr

In Frunse angekommen, gingen wir die Order für unseren Verbannungsort abholen. In einem großen Gebäude ließ Mama mich mit dem Koffer in der Eingangshalle zurück und verschwand durch eine Tür. Schon kurz darauf kam sie wieder, ganz blass. So hatte ich sie noch nie gesehen: Den Kopf hocherhoben, die Augen zu schmalen Schlitzen verengt, die fest zusammengepressten Lippen zu einem verächtlichen, angewiderten Lächeln verzogen.

Sie setzte sich neben mich auf die Bank, zauste mein Haar, seufzte tief und sagte leise und streng: »Sie kommen uns gleich abholen. Das wird schlimm und widerlich. Sei still, weine nicht, hab keine Angst und stell keine Fragen.« Dann lächelte sie mich an und sagte: »Mäuschen, piep einmal!«

»Piep, piep«, antwortete ich, richtete mich unwillkürlich auf und reckte das Kinn.

Zwei Uniformierte traten zu uns.

»Unsere Bewacher«, flüsterte Mama leise, »denk an das, was ich dir gesagt habe.«

»Los, vorwärts«, ertönte es.

Mama griff nach dem Koffer, nahm mich an die Hand, und wir gingen hinaus.

»Schneller, schneller!«, brüllten die Bewacher.

Mama konnte nicht schnell laufen. Sie hatte als Kind Knochentuberkulose gehabt, seitdem war ihr linkes Bein kürzer als das rechte und ihr Hüftgelenk steif. Mit orthopädischen

Schuhen humpelte sie kaum, aber rennen konnte sie nicht. Ein Bewacher packte mich schimpfend bei der Hand und rannte mit mir los. Linkisch humpelnd lief Mama hinterher.

Ich gab mir alle Mühe, nicht zu weinen, meine Beine verhedderten sich, ich drohte mehrmals zu fallen, hing aber an der verfluchten Hand. Die Hand riss mich hoch, und ich rannte weiter. Plötzlich durchzuckte es mich heiß, und mir wurde schlagartig leichter: Eines Tages werde ich diese verhasste Hand abbeißen. Nun stolperte ich nicht mehr.

Auf der Bahnstation steckten sie uns in einen stinkenden Güterwagen voller Säcke und Kisten, die Tür wurde geschlossen und verriegelt, dann fuhr der Zug los. Außer uns war niemand im Waggon.

Mama setzte mich auf eine Kiste, ließ sich neben mir nieder und drückte mich an sich. Ich zitterte heftig.

»Los geht die Fahrt.« Mama sang mir leise ein fröhliches französisches Lied vor. Dann sangen wir zusammen das Lied von den Räubern.

»Sie banden die Gewehre
zu einer schweren Trage,
darüber ihre Schwerter
aus scharfem, hartem Stahl«,

sang ich und stellte mir das stählerne Schwert in meiner Hand vor.

Zorn ist ein mächtiges Gefühl, es hilft durchhalten.

Wir fuhren mehrere Stunden, dann wurden wir, die Säcke und die Kisten in einen geschlossenen Lastwagen umgeladen und weitertransportiert.

»Mama, warum?«, flüsterte ich.

»Erst habe ich dem Natschalnik in Frunse geantwortet, wie

ich es für richtig hielt, und dann habe ich ihm überflüssige Fragen gestellt. Stell nie Fragen, niemandem. Eine Frage kann hier das Leben kosten. Frag nur mich, wenn es niemand hört.«

Das merkte ich mir.

Wir wurden in ein noch im Bau befindliches Lager voller

Frauen und Kinder von »Volksfeinden« gebracht. Mit obligatorischem Stacheldraht, Wachtürmen und Posten darauf.

Auf dem Gelände standen Reihen halb fertiger und einige fertige, noch leere Baracken. Sie waren nicht zum Wohnen gedacht, das war die Arbeitszone.

Die Wohnzone war ein lang gestrecktes Rechteck mit nur drei Wänden aus geflochtenen Ruten. Die breite offene Seite war dem Wachturm mit den Posten zugewandt. In diesem überdachten Pferch waren Menschen wie wir untergebracht – Frauen und Kinder.

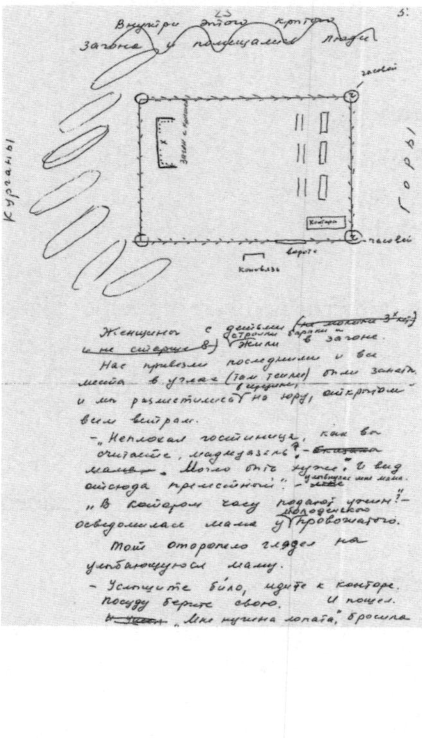

Seite aus dem Manuskriptentwurf der »Erinnerungen« von Stella Nudolskaja mit einer Skizze des Lagers, 2000.

Dieser traurige Ort im Tal war durch natürliche Barrieren gegen fremde Blicke abgeschirmt. Im Süden schützten Ausläufer des Kirgisischen Bergrückens das Tal, im Norden bildeten sieben archaische Grabhügel, alle gleich hoch und lang und in gleichem Abstand zueinander, einen Halbkreis um das Lager. Von der Steppe aus, wo Straßen und Siedlungen lagen, sah man also nur die Hügel und dahinter die Berge.

Wir waren als Letzte angekommen, sämtliche wärmeren Plätze unterm Dach, in den Ecken und an den Wänden waren besetzt. Entlang der gesamten Flechtwände saßen auf Koffern und Bündeln etwa dreißig Kinder, ganz still und mit gesenktem Blick; es schien, als wagten sie nicht einmal zu atmen.

Wir ließen uns in der Mitte nieder, auf einem allen Winden ausgesetzten Hügel.

»Nicht übel, das Hotel, es könnte schlimmer sein, und der Ausblick ist wundervoll. Was meinen Sie, Mademoiselle?«, fragte mich Mama lächelnd. »Wann wird hier das Abendessen serviert?«, erkundigte sie sich bei einem blutjungen Wachmann.

Der sah meine lächelnde Mama perplex an.

»Wenn ihr den Gong hört, geht zum Kontor, da kriegt ihr euer Geschirr.« Damit ging er.

»Ich brauche einen Spaten«, rief ihm Mama hinterher.

Der Junge war verblüfft, kehrte aber kurz darauf mit einem Spaten zurück.

»Ist nicht erlaubt«, murmelte er und hielt Mama das Werkzeug hin.

»Schon recht«, stimmte ihm Mama zu, »ich markiere nur die Linien, du gräbst.«

Rasch skizzierte sie ein großes Rechteck. »Drei Spatenstiche tief.«

Der junge Soldat erschrak. »Ein Grab?«

»Unsinn.« Mama lachte. »Sieh dich um: Am Morgen wird

kalter Wind aufkommen, und gegenüber von unserem Platz ist eine Lücke zwischen den Hügeln. Bei solchem Zugwind holt sich das Kind noch den Tod; wir müssen uns in die Erde eingraben, dann weht der Wind über uns hinweg.«

»Frau«, sagte der Junge respektvoll, »die Weiber hier heulen nur. Deshalb haben sie mich hergeschickt, damit du nicht

wegläufst und nicht jammerst, das macht ihr doch alle am Anfang.«

Er griff zum Spaten und begann, Rasenstücke auszustechen.

Offenbar war das Gras hier vor Kurzem noch dicht gewesen, nun war oben alles niedergetrampelt, nur die Wurzeln waren geblieben. Er stach Stück um Stück ab und warf sie zur Seite, und wir stapelten sie dicht an dicht in zwei Reihen auf. »Je höher der Rand, desto weniger tief müssen wir graben«, erklärte mir Mama.

Die oberste Schicht war abgehoben. Mit dem Rand war das Rechteck nun rund dreißig Zentimeter tief. Zu flach. Doch da ertönten drei Gongschläge, wie eine dumpfe Glocke.

»Der Gong. Drei Schläge gegen eine Eisenschiene. Ich gehe, die Arbeit ist aus, ich muss weg«, sagte der Bewacher.

Mit kräftigen Tritten stach er die Erde um das gesamte Rechteck einen ganzen Spatenstich tief ein.

»Weiter müsst ihr selber sehen.«

Damit nahm er den Spaten und ging. Wir sahen ihn nie wieder.

Die Mütter kamen von der Arbeit. Alle redeten, lärmten, weinten. Erneut ertönten Gongschläge. Alle standen auf und liefen mit Schüsseln in der Hand los, wir hinterher.

Am nächsten Morgen ging Mama zusammen mit den anderen zur Arbeit.

Die Frauen fertigten Lehmziegel. Das ist das gebräuchlichste Baumaterial in Kirgisien – ungebrannte Ziegel aus Lehm, klein gehäckseltem Stroh und Wasser. Die Herstellung ist ganz einfach: Man schüttet Lehm und Stroh in eine Grube, gießt Wasser darüber und vermengt das Ganze mit den Füßen, indem man knietief durch diese Masse stampft, mehrere Stunden lang. Normalerweise machen das zuerst Pferde, ehe dann Frauen die schon etwas eingedickte Masse endgültig »in Form« bringen. Die fertige Masse wird auf den Trockenplatz geschafft und in mit Wasser angefeuchtete Holzformen gepresst, danach werden die Formen abgenommen, und die Lehmziegel trocknen in der Sonne.

Mama transportierte zuerst mit einer Karre Lehm, war aber wegen ihres Humpelns nicht schnell genug und wurde versetzt – Bretter glatt hobeln und Ziegelformen bauen.

Meine Mama war ein erstaunlicher Mensch: Immer ruhig, freundlich und zugewandt, doch ohne je plump vertraulich zu werden. In meinem ganzen Leben (und meine Mutter starb mit 72 Jahren) habe ich nie gehört, dass sie die Stimme erhoben hätte, und nie habe ich Tränen in ihren Augen gesehen. Als ich viel später in Büchern Ausdrücke las wie »unbeugsamer Wille«, »eiserne Selbstbeherrschung«, »stahlharter Charakter«, wusste ich: Das alles traf genau auf sie zu.

Unser Gedächtnis ist selektiv. Aus unserer Zeit im Lager und danach erinnere ich mich nur an gute Menschen – Menschen, die uns gut behandelten, die uns halfen. Vermutlich gab es auch andere, doch an die erinnere ich mich kaum. Überhaupt keine Erinnerungen habe ich an den Alltag im Lager. Was aßen wir dort, redeten und spielten wir Kinder miteinander? Und ich erinnere mich an kein einziges anderes Gesicht als das von Mama. Nur an einige konkrete Episoden.

Wir machen uns fertig für die Nacht. Wir beide müssen zum ersten Mal im Leben in einer Grube schlafen, auf nackter Erde. Mama scherzt: Statt Bettzeug haben wir nur unseren Gepäckschein. Lachend beschließen wir, ihn für alle Fälle aufzubewahren wie eine Reliquie.

In unserem kleinen Koffer waren neben Hygieneartikeln zwei Handtücher, Wechselwäsche, Mamas dicker Winterrock, mein Wollkleidchen, zwei Skianzüge – meiner und der von Papa – und zwei Sommermäntel – meiner und Mamas. Die Kleidungsstücke lagen in dem Wachstuchsack, den meine Njanja genäht und mir anprobiert hatte. Ganz unten im Koffer hatte noch die ebenfalls von der Njanja genähte große Wachstuchdecke Platz gefunden.

Die kleineren Sachen wickelten wir in ein Handtuch – das ergab ein »Kissen«. Das große Wachstuch breitete Mama fast vollständig auf dem Boden der Grube aus. Dann trennte sie ihren Rock akkurat an der Naht auf, faltete ihn auseinander und legte ihn auf das Wachstuch. Wir zogen die Skianzüge an, Mama steckte mich in den Wachstuchsack, bettete mich in die Grube, legte sich neben mich und deckte sich mit dem Rest des großen Wachstuchs zu. Sie nahm mich in den Arm und erzählte mir leise ein vertrautes Märchen – von der Stelle an, da eine Schwalbe Däumelinchen in ferne Länder bringt. Ich lauschte, wie warm und wunderschön es dort war, was für hübsche Elfen dort herumflogen, und schlief fest ein.

Die nächsten Tage – vermutlich mindestens eine Woche – war ich so beschäftigt, dass ich nichts weiter wahrnahm. Ich baute unser Haus. Unsere Wohnstatt musste noch dreißig Zentimeter tiefer werden, deshalb lockerte ich den ganzen Tag lang den Boden unserer rechteckigen Grube, von einer Schmalseite zur anderen. Dafür besaß ich recht »anständiges« Werkzeug, das Mama von ihrem ersten Arbeitstag mitgebracht hatte: Einen bleistiftgroßen angespitzten Saxaul-Stab (das ist sehr hartes Holz!) und einen etwas längeren Holzklotz als Hammer. Wenn ich den Stab in die Erde schlug, zwei Zentimeter neben der kleinen Rinne, die Mama jeden Tag an einem Rand der Grube aushob, löste sich die Erde. Reihe für Reihe, bis das Ende erreicht war.

Wenn Mama abends von der Arbeit kam, schaufelte sie die Erde hinaus und zog eine neue Rinne, in die ich am nächsten Morgen die abgehackte Erde fallen ließ. Irgendwann besaß ich einen langen großen Nagel. Er drang leicht in die Erde und ließ sich, wenn ich ein bisschen daran wackelte, mühelos wieder herausziehen. In das entstandene Loch schlug ich ohne großen Kraftaufwand den Holzstab, und die Erde bröckelte ab. Nach einigen Tagen legte mir Grischa, ein Junge von acht bis zehn Jahren, wortlos einen rostigen Spaten ohne Stiel hin. Damit ließ sich die Erde bequem hinausschaufeln, und wenn ich mit dem Holzklotz mit aller Kraft draufschlug, löste er eine ganze Erdplatte. Das ging viel schneller als mit dem Nagel und dem Stab. So wurde die Grube an einem Tag drei bis vier Zentimeter tiefer.

Schließlich war das »Haus« fertig, und für mich gab es nichts mehr zu tun. Mama ging morgens zur Arbeit, und ich hatte keinesfalls die Absicht, unterm Dach zu sitzen und irgendwas zu bewachen. Wir Kinder durften zwar die Arbeitszone nicht betreten, doch niemand konnte mir verbieten, in der Wohnzone herumzulaufen. Das tat ich also.

Mit Folgen.

4

Prüfungen

Im August ist es in jener Gegend noch sehr heiß und sehr trocken. Das Gras war fast vollständig verbrannt, am Ende des Sommers war die Steppe braun, es gab kaum noch Grün. Mein Geburtstag nahte, ich wurde sechs Jahre alt, und mir war klar, dass es diesmal keine Geschenke geben würde. Da begann es ganz überraschend zu regnen, und hinter dem Stacheldraht unserer Wohnzone blühte plötzlich zur Unzeit eine Tulpe. Ganz nah – ich musste nur die Hand durch den Stacheldraht ausstrecken – stand das Wunder: lange, schmale dunkelgrüne Blätter mit braunen Streifen und auf dem kurzen Stängel eine dunkelrote, halb geöffnete Blüte. Die Blume nickte mir leicht zu, als riefe sie mich zu sich und sagte: »Hier bin ich, eine Tulpe, ich bin ein Geschenk für dich, ich gehöre dir!« Ich schob den Arm durch den Stacheldraht – ich reichte nicht ganz ran. Ich hockte mich hin und überlegte, wie und wo ich durch den Stacheldraht langen musste, um die Blume zu erreichen. Ein Schatten fiel auf mich. Ich wandte mich um, übers ganze Gesicht lächelnd … und ein Gewehrkolben traf brutal auf meinen Kopf. An die Hand und an den Gewehrkolben kann ich mich erinnern, danach ist alles dunkel.

An die Zeit meiner Krankheit habe ich keine Erinnerungen. Aus den bruchstückhaften Äußerungen meiner Mutter viele Jahre später weiß ich, dass ich rund drei Wochen daniederlag, dass eine der Gefangenen die Blutung gestillt sowie die gebrochenen Nasen- und Kieferknochen »gerichtet«

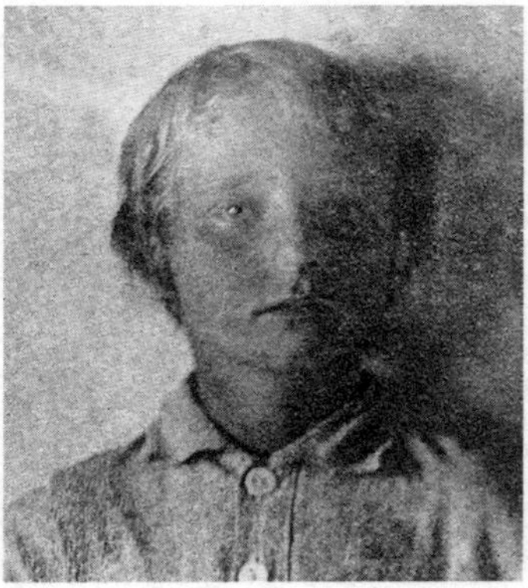
Stella mit sechs Jahren, Kirgisien, 1937.

und notdürftig verbunden hatte, damit sie nicht schief zusammenwuchsen. Bevor Mama zur Arbeit ging, stülpte sie den aufgeklappten Koffer über unsere Grube, damit mich die Sonne nicht blendete. Die Lagerobrigkeit hatte ihr erlaubt, einen großen Armvoll Hobelspäne auf dem Boden der Grube zu verteilen, so dass ich einigermaßen weich und warm lag. Mein Haar wurde geschoren, denn der Stacheldraht hatte mir an einigen Stellen die Kopfhaut aufgerissen. Seitdem habe ich zwei Narben im Gesicht.

Mitte September war ich genesen. Das abrasierte Haar war mehr oder weniger nachgewachsen, ich kämmte es, so gut es ging, mit Mamas Kamm. Spiegel hatten wir nicht, denn die Puderdose war Mama im Lager abgenommen worden: Der Besitz von Glas war streng verboten. Eines Tages erblickte ich in einem Wassereimer mein Gesicht und erschrak: Ein zerzaustes Gespenst mit in alle Richtungen abstehenden grauen Federn auf dem Kopf sah mich an.

»Mama, bin ich das?«

»Halb so schlimm, das wächst sich mit der Zeit alles aus«, sagte Mama lächelnd.

Als das an zwei Stellen abrasierte Haar nachgewachsen war,

zierte eine unglaubliche Frisur aus lange nicht gewaschenen Haaren unterschiedlichster Länge meinen Kopf. Eine Schere bekamen wir nicht, darum musste ich so herumlaufen. Übrigens vergaß ich schnell, wie ich aussah, denn ich konnte mich ja nirgends betrachten, und ich wollte auch nicht daran denken.

Merkwürdigerweise mochte ich mit niemandem spielen oder reden außer mit meiner Mama. Ich entfernte mich möglichst weit von unserem überdachten Pferch, setzte mich auf die Erde und schaute stundenlang in die Steppe. Das war sehr interessant. Der Wind bewegte die austrocknenden Pflanzen, hin und wieder liefen Wellen durch das Gras. Selbst bei völliger Windstille herrschte in der Steppe sachte Bewegung, waren undeutliche Laute und Geräusche zu hören. Die Steppe war lebendig. Sie führte ihr geheimes, mir noch unverständliches Leben. Bisweilen flogen hoch oben Vögel vorbei. Mehrmals sah ich in der Ferne einen Habicht kreisen.

Wenn ich lange reglos dasaß, kam manchmal ein Grashüpfer angesprungen. Erst erschienen mir alle Grashüpfer gleich

Ein Weg in der Steppe, Kirgisien, 1937.

grau, dann entdeckte ich, dass sie verschieden waren: grüngrau, dunkel- und hellgrau und, recht selten, gelblich grau.

Ich saß da, und der Grashüpfer untersuchte geschäftig die trockenen Grashalme, verschmolz manchmal ganz mit ihnen. Mama erklärte, das liege an seiner Tarnfarbe, das heiße »Mimikry«. Ab und an sprang mir ein Grashüpfer aufs Knie und lief auf meinem Bein entlang; seine Fühler zitterten, seine Kiefer bewegten sich. Es sah aus, als kaue er etwas, doch kaum regte ich mich nur ein wenig, entfaltete der Grashüpfer mit leisem Knacken die Flügel, streckte abrupt die Beine und sprang davon. Ich war ein bisschen traurig, dass ich keine Mimikry besaß und auch keine Grashüpferbeine und Flügel. Dass ich also nicht über den Stacheldraht hüpfen konnte, dass die Steppe dort war und ich hier.

Eines Tages saß ich wieder mal da und lauschte der Steppe. Ein Grashüpfer kam angesprungen. Klein, grau, mit dünnen dunklen Adern auf den Flügeln. Er sprang nicht sehr weit, und ich folgte ihm. So bewegten wir uns am Stacheldraht entlang – der Grashüpfer in Sprüngen, ich laufend. Plötzlich ertönten von der Steppe her unbekannte Laute. Ich sah auf. In der Steppe tollte ein Fohlen herum. Jenseits des Stacheldrahts, links, an einem Pfosten, stand in Gedanken versunken ein Pferd. Es schien zu dösen, nur seine Ohren regten sich sacht. Träge ließ es den Schweif pendeln und blickte hin und wieder in Richtung des ausgelassenen Fohlens. »Was für ein ungezogenes Kind.« Doch der Frechdachs galoppierte fröhlich durch die Steppe, den kleinen Schweif aufgeplustert. Er war ganz aufgekratzt, lief mal geradeaus, mal seitwärts, drehte sich abrupt um, warf alle viere in die Luft und rannte erneut los, im Kreis um seine Mutter. Das hochbeinige dunkle Fohlen mit dem weißen Streifen auf der Nase, noch ohne Mähne und mit einer flauschigen Schweifbürste tanzte selbstvergessen seinen kindlichen Pferdetanz. Das war so schön, dass auch ich plötzlich auf der Stelle tanzte, und mitunter machten wir gemeinsam einen Sprung – hopp! Wir freuten uns beide über die Sonne und die Weite der Steppe, wenngleich auf verschiedenen Seiten des Stacheldrahts. Mitten in diesem »Paartanz auf Distanz« ertönte ein warnendes Knurren.

Drei, vier Meter hinterm Stacheldraht stand ein Hund. Und was für einer! So groß wie ein riesiger Schäferhund, aber mit viel breiterer Brust. Ganz dichtes rötlich graues Fell, seltsame, fast runde (beschnittene) Ohren, schwarze Nase und große hellbraune Augen. Der Hund musterte mich ruhig und wachsam, um abzuschätzen, ob ich womöglich eine Gefahr war für den in der Steppe herumtollenden Kleinen. Ich erklärte ihm, dass mir das Fohlen sehr gefalle. Dass ich gern mit ihm zusammen dort herumlaufen würde, dass es mir hier schlecht gehe, dass ich nach Hause wolle, mich aber nicht bei Mama beklagte, ihr tue auch so alles weh und ihre Hände seien wund gerieben vom Hobeln, und dass von Papa keine Post komme, weil niemand wisse, wo wir sind, und wir keine Adresse hätten.

Der Hund verstand alles. Er kam an den Stacheldraht, wedelte mit dem Schwanz, dann legte er sich hin und schob seine Schnauze bis zur Hälfte durch eine Lücke am Boden. Ich sagte, ich würde mich gern mit ihm anfreunden und ihn streicheln, dürfe aber nicht näher als bis auf einen Meter an den Stacheldraht heran. Ich hockte mich hin und sagte ihm, wie schön er sei und wie wunderbar es wäre, wenn wir drei Freunde sein könnten – er, ich und das Fohlen.

Plötzlich versengte mir etwas Beine und Rücken.

Ich sprang auf. Neben mir stand, eine Kamtscha in der Hand (das ist eine Riemenpeitsche), ein Mann in Zivil. Er brüllte und schlug mich auf den Rücken.

Einige Sekunden lang war ich taub und blind.

Als Erstes konnte ich wieder sehen: Der Mann hatte den Mund weit aufgerissen und stieß mit dem Finger nach mir. Dann hörte ich seine Stimme: »Schreib dir das hinter die Ohren!«

Ich schlug meine Zähne in diesen Finger. Und biss mich darin fest wie eine Zecke.

Er schüttelte die Hand, und ich schlenkerte hin und her wie eine Stoffpuppe. Er brüllte laut etwas, doch ich verstand kein Wort. Bei jedem Peitschenhieb schlug ich meine Zähne fester in den Finger. Ich biss ihn durch – in meinem Mund wurde es nass und salzig. Ich wollte loslassen, konnte aber meine Zähne nicht lösen.

Schließlich brüllte der Mann nur noch wortlos.

»Seien Sie mal einen Moment still«, ertönte neben mir Mamas ruhige Stimme, und er verstummte. Zu mir sagte sie: »Jetzt spuck doch diesen Dreck aus!«

Und ich spuckte ihn aus. Jemand reichte mir einen Becher Wasser.

»Spül dir den Mund aus, wer weiß, womit du dich sonst ansteckst.«

Mama nahm mich auf den Arm und sagte im Fortgehen zu dem Mann: »Gehen Sie zur Sanitätsstation, lassen Sie die Blutung stillen, und vielleicht verpasst man Ihnen auch eine Spritze gegen Tollwut.«

Mama trug mich zu unserer Unterkunft, und in ihren Armen schlief ich augenblicklich ein.

Ich erwachte am späten Abend, Mittag- und Abendessen hatte ich verschlafen. Ich mochte nichts essen, die geschwollenen Striemen auf Rücken und Beinen taten weh, und alles war mir zuwider. Der einzige Trost war, dass Mama neben mir lag.

»Wurden wir in die Sklaverei verkauft, ja?«, fragte ich. »Sind wir jetzt Sklaven?«

»Nicht doch, meine Liebe. Sklaverei ist ein Zustand der Seele. Einen freien Menschen kann man nicht zum Sklaven machen. Ich erzähle dir mal eine Geschichte.«

Und sie rezitierte aus dem Gedächtnis:

»Fürst Kurbski floh vor des Zaren Zorn.
 Mit Waska Schibanow, dem Reitknecht.
Der Fürst trieb sein Pferd, bis es stürzte und fiel,
Schibanow, von sklavischer Treue erfüllt,
Überließ ihm das eigene Pferd …«*

Dann erzählte sie, nun in Prosa, von Iwan dem Schrecklichen, von den Opritschniki**, von Kurbskis Streit mit dem Zaren, von Kurbskis Flucht und seinem anklagenden Brief an den Zaren, den Schibanow diesem mutig überbrachte. Und dass Iwan der Schreckliche Schibanow foltern ließ und der Henker dem Zaren immer wieder meldete:

»Doch er sagt immer das Gleiche –
Er lobt und preist seinen Herrn.«

»Was meinst du – ist Schibanow ein Sklave?«

»Nnnein. Wahrscheinlich nicht. Nein, natürlich nicht.«

»Das empfindest du richtig. Er hat die Seele eines freien Menschen, obgleich er körperlich ein Sklave ist.«

Das war eine große Erleichterung – in Büchern heißt das »mir fiel ein Stein vom Herzen«.

Ich lag eine Woche flach, bis die Wunden verheilt waren. Es machte mir nichts aus, den ganzen Tag auf dem Bauch zu liegen – mir war alles egal. Ich mochte nicht essen, nicht in die Steppe schauen, nicht reden – nicht einmal mit Mama. Die Sonne schien, der Wind wehte, nach wie vor sprangen die

* Aus der Ballade »Wassili Schibanow« von Alexej K. Tolstoi.

** Angehörige der 1564 von Iwan IV. (»dem Schrecklichen«) gegründeten Leibgarde, die bis 1572 bestand und für ihre Grausamkeit berüchtigt war (Anm. d. Übers.).

Grashüpfer herum, aber alles war irgendwie anders. Ich fand es sonderbar, einfach weiterzuleben.

Schließlich sagte Mama bei einem abendlichen Gespräch: »Weißt du, ich *selbst* heißt nicht ich *allein*. Im Leben eines jeden Menschen gibt es Umstände, in denen er sich nicht allein zurechtfindet. Natürlich muss ein Mensch erst selbst über alles nachdenken. Aber wenn er etwas nicht versteht, dann sollte er mit jemandem reden, dem er vertraut. Das hilft manchmal.«

Nach einer kurzen Pause setzte sie hinzu: »Du bist schon ein richtig großer Mensch. Du hältst dich gut. Ich bin stolz auf dich.«

Dann sprach sie von etwas anderem.

Ich dachte einige Tage lang nach. Dann hatte ich fast alles verstanden, bis auf zwei Dinge.

Ich fragte: »Mama, warum will ich gar nichts mehr? Und warum glaube ich, wenn die Sonne scheint, dass es gleich regnen wird?«

Mama überlegte.

»Komm, wir gehen ein Stück und reden.«

Ich hatte sehr schnell gelernt, im Lager ganz leise zu sprechen, so dass nur Mama mich hörte. Also liefen wir nun langsam durch die Wohnzone und unterhielten uns leise.

»Ja, du hast ein sehr schwieriges, ganz erwachsenes Problem. Weißt du, jeder Mensch hat seine Probleme, und je mehr ein Mensch weiß, desto leichter kann er sie verstehen. Du bist gerade in einem Zustand, von dem es heißt: ›Mir ist alles zuwider‹, ›Ich werd des Lebens nicht mehr froh‹, stimmt's? Das passiert, wenn der Mensch keine Hoffnung mehr hat, einen Ausweg zu finden. Hast du die Hoffnung verloren? Lass uns gemeinsam danach suchen. Sergej Jessenin hat einmal geschrieben: ›Kein Bereuen, Tränen nicht, noch Klage, alles geht, wie Apfelblütenrauch‹*. Schön, nicht wahr? Dabei spricht er davon, dass das Leben fließt und alles vergeht.

* Deutsch von Eugen Ruge, zitiert nach Sergej Jessenin, Gesammelte Werke, Band I, Verlag Volk und Welt, Berlin 1995, S. 144 (Anm. d. Übers.).

Ich habe dir doch von den Dekabristen erzählt, erinnerst du dich? Puschkin hat seinen Freunden einen Brief in die sibirische Verbannung geschrieben. Hör zu, vielleicht hilft er dir auch. Dreh dich um und hör nur zu, dann dringen die nötigen Worte in dein Herz.«

Und Mama rezitierte das »Sendschreiben nach Sibirien«. Ganz besonders klangen für mich die Zeilen »stolzes Dulden«, »hohes Streben der Gedanken«, »Hoffnung im Dunkel unter der Erde«, »Und freudig empfängt euch die Freiheit am Tor«. Selbst das Atmen wurde mir leichter.

Mama fuhr fort: »Weißt du, wenn ein Mensch Kummer hat, dann glaubt er immer, keinem auf der Welt gehe es so schlecht wie ihm. Doch in den Tausenden Jahren, seit der Mensch auf der Erde lebt, sind viele, viele Millionen Leben vergangen. Und irgendwer hat den gleichen Kummer schon einmal erlebt. Davon, dass du das weißt, wird dein persönlicher Schmerz nicht kleiner, aber dieses Wissen hilft, nicht die Hoffnung zu verlieren. Wen bitten die Menschen um Hilfe, wenn es ihnen sehr schlecht geht, wenn sie glauben, niemand auf der Welt könne ihnen helfen?«

»Gott, ja?«

»Ja. Und welches Gebet kennt jeder, mit welchen Worten bittet man Gott um Hilfe? Diese Worte kennst du auch.«

»Das Vaterunser?«

»Ja, das Vaterunser sprechen wir alle, wenn wir uns an Gott wenden wollen. Aber das ist nur ein kleines Stück aus einem Buch, das Bibel heißt. Es ist das wichtigste Buch der Christen. Andere Religionen haben ihre eigenen wichtigen Bücher, und darin stehen ihre wichtigen Worte, mit denen sie sich an Gott wenden. Und selbst wenn ein Mensch nicht in die Kirche geht und nicht sonderlich daran glaubt, dass Gott im Himmel wohnt und auf einer Wolke sitzt, helfen diese Worte auch ihm.« Mama blieb stehen und drückte mich an sich. »Lehn dich an mich. Lass uns zusammen das Vaterunser sprechen, aber ganz leise. Achte nicht auf den Klang unserer Stimmen. Schließ die Augen und lausche auf die Musik und den Rhythmus. Vielleicht hörst du dann die Worte, die für dich wichtig sind.«

Den Kopf gegen Mamas Bauch gedrückt, ihre warmen Hände auf meinen Schultern, sprach ich leise und deutlich mit ihr zusammen die jedem vertrauten Worte. Ich fühlte deutlich, was für mich das Wichtigste war: »Unser tägliches Brot gib uns heute« und »erlöse uns von dem Bösen«. Strahlend wandte ich mich zu Mama um.

»Du musst mir nicht unbedingt erzählen, was du gespürt hast«, sagte Mama. »Das gehört dir. Das Reich Gottes ist in uns. Lerne, Gott in den Worten und Taten der Menschen wahrzunehmen.«

Das verstand ich überhaupt nicht, aber ich merkte es mir, weil ich fühlte, dass es etwas Wichtiges war.

Wir gingen noch ziemlich lange spazieren. In der Wohnzone beobachteten uns die Aufseher nicht so streng wie in der Arbeitszone. Abends sang mir Mama immer leise etwas vor oder erzählte mir Geschichten. Wehe, jemand hätte versucht, bei der Arbeit zu singen! Hier aber gingen wir abseits von allen anderen spazieren und unterhielten uns leise. Ich zeigte Mama einen Platz, wo es immer viele Grashüpfer gab, wir sahen ihnen eine Weile beim Springen zu und liefen dann weiter.

»Mama, komm, wir singen ›Stiller Abend‹.«

»Später. Hör erst mal zu. Es gab einen Dichter Nikolai Jasykow, der hat sehr schöne Verse geschrieben.

Unser Meer kennt keine Gnade,
Stürmisch tobt es Tag und Nacht;
Seine schicksalhaften Weiten
Bergen manches Menschenleid.

Mutig, Brüder! Unverdrossen
Setzt die Segel hart am Wind:
Über aufgewühlte Wellen
Gleitet unser Boot dahin!
Wolken jagen übers Wasser,
Wind bläst stark, das Meer wird schwarz.
Sturm kommt auf: Wir kämpfen gegen
Die Gewalten der Natur.
Mutig, Brüder! Donner grollen,
Schäumend bäumt das Meer sich auf,
Wütend steigt die Welle höher.
Immer tiefer sinkt der Grund!
Doch fern hinter dem Gewitter
Wartet das Gelobte Land:
Niemals wird der Himmel dunkel,
Ruhig ist es dort und still.
Dorthin tragen Meereswellen
Nur den, dessen Seele stark!
Mutig, Brüder! Unser Segel
Trotzt dem Sturm, bleibt straff und fest!

Gefällt dir das Gedicht?«

»Ja, sehr!«

»Was meinst du, worum geht es da?«

»Um das Meer, um Sturm, um Seeleute.«

»Ist das alles?«

»Wahrscheinlich nicht, wenn du so fragst, aber ich weiß nicht, worum noch.«

»Erwachsene sprechen manchmal vom ›Auf und Ab des Lebens‹, von der ›lichten Ferne‹, von den ›Stürmen des Lebens‹. Dieses Gedicht ist auch vertont worden. Willst du es hören? Schließ die Augen und hör zu.«

Ich kroch unter Mamas Arm, drückte mich an ihre warme

Seite und schloss die Augen. Mama begann leise zu singen, und als sie fertig war, sah sie mich fragend an.

»Mamotschka, ich habe alles verstanden. Das Lied handelt von jetzt. Von uns beiden.«

»Ja, und wie hoch die Welle auch ist und wie tief der Grund, unsere Seele ist wie ein straffes, festes Segel, und wir werden ankommen.«

»Hurra! Wir werden ankommen, wir werden ankommen!«, rief ich und sang laut: »Dorthin tragen Meereswellen …«

»He, mein Spatz!« Mama lachte. »Den Text hast du richtig behalten, aber die Melodie nicht! Hör zu, wie sie geht.«

5

Ataman

Das Leben renkte sich irgendwie ein. Ich ging wieder in der Wohnzone spazieren und sang leise vor mich hin, je nach Stimmung: die »Warschawjanka«, »Stiller Abend«, das Lied vom kleinen Trommler, fröhliche Kinderlieder und natürlich »Unser Meer kennt keine Gnade«. Auf Französisch oder Deutsch durfte ich ohne Mama nicht singen.

Plötzlich kam das Gerücht auf, wir würden bald alle entlassen. Unsere Mamas hatten so viele Lehmziegel hergestellt, dass kein Platz mehr war, sie zu lagern. Überall lagen die Rohlinge zum Trocknen. Neue konnten nicht gemacht werden: Sie würden bis zu den Herbstregenfällen nicht genug aushärten, um sie zur endgültigen Trocknung gitterförmig aufzuschichten.

Eines Tages sah ich am Pferdepfosten gleich drei Pferde. Eines war sehr schön: ein hochbeiniger Fuchs mit weißen »Strümpfen« an den Vorderbeinen. Die beiden anderen waren Braune. Ich wollte mir den Fuchs unbedingt genauer ansehen und näherte mich der Arbeitszone. Das war gefährlich: Kinder durften nicht dorthin, darum tat ich, als ginge ich einfach nur spazieren, aber so, dass ich den Pferdepfosten immer im Blick hatte, mal rechts, mal links von mir. Und damit das überhaupt nicht auffiel, sang ich vor mich hin, während ich das fuchsrote Pferd anschaute.

Aus dem Kontor trat ein Uniformierter und kam in Richtung Wohnzone.

Ich muss weg, und zwar schnell, fuhr es mir durch den Kopf. Weil ich nicht zeigen wollte, dass ich erschrocken war, ging ich ganz ruhig weiter und sang vor mich hin. Ich hatte schon die halbe Strecke zurückgelegt, als mich ein sehr großer Mann überholte. Er machte noch ein paar Schritte, dann drehte er sich abrupt um und stellte sich mir in den Weg. Auch ich blieb stehen. Diesen Mann hatte ich zuvor noch nie gesehen. Blank geputzte Stiefel, knarrender Schulterriemen und viele rote Dinger auf dem Kragen – Kragenspiegel hießen die, aber was sie bedeuteten, wusste ich nicht.

»Was singst du da?«, fragte er.

Ich wurde sehr wütend. Auf mich selbst, weil ich so erschrocken war, und auf ihn, weil ich Angst vor ihm hatte.

»Was für ein Lied singst du da?«, wiederholte er.

Ich hob den Kopf, starrte ihm direkt in die Augen und ging zum Angriff über. »Feindliche Stürme durchtoben die Lüfte«, sang ich und machte bei jedem Takt einen kleinen Schritt. Der Platz reichte nur für die ersten beiden Zeilen. Bei den Worten »Schmerz und Tod« und »gegen die Feinde ruft uns die Pflicht« stand ich zwei Schritte vor ihm, die Fäuste geballt und den Kopf hocherhoben, um ihm weiterhin in die Augen zu schauen. Und seine Augen lachten. Mir wurde etwas leichter.

»Sing mir noch was vor. Du singst doch gern?«

»Ich singe gern für mich allein«, beschied ich ihn mürrisch.

»Und welches Pferd gefällt dir am besten?«

»Der Fuchs.«

»Das ist meins. Mir gefällt es auch. Komm, ich zeige es dir.«

Ich legte die Hände auf den Rücken und wich zurück.

»Da darf ich nicht hin.«

»Mit mir schon, komm.«

»Da ist die Arbeitszone, die darf ich nicht betreten. Ich wohne hier, das ist meine Zone, aber dürfen Sie denn hierher?«, fragte ich, mutig geworden.

»Manchmal. Ich habe dich übrigens erkannt. Du bist das Mädchen, das alle beißt, stimmt's?«

»So ein Unsinn, ich beiße gar nicht. Aber der ... Er hat angefangen, und wenn man angegriffen wird, muss man sich wehren.«

»Es ist gut, dass du dich wehren kannst. Warum hat er dich

denn angegriffen, was meinst du?«

»Vielleicht kann er sich überhaupt nicht richtig unterhalten. Darum ist er wütend geworden, weil sich sein Hund mit mir angefreundet und sich lange mit mir unterhalten hat. Würde er selber mit seinem Hund reden, hätte der sich gar nicht mit mir unterhalten wollen.«

»Warum hat er dann nicht seinen Hund bestraft, statt über dich herzufallen?«

»Haa! Das hat er sich nicht getraut – vor den großen Zähnen hat er bestimmt Schiss. Also hat er mich verprügelt. Ist wohl ein Dummkopf.«

»Das kann gut sein. Hat dir deine Mama das alles so erklärt?«

»Pah! Ich bin doch kein kleines Kind! Ich hab selber nachgedacht und bin draufgekommen.«

»Aber du hast doch mit deiner Mama darüber gesprochen? Was hat sie dazu gesagt?«

»Neiiin ... Erst hab ich ganz lange geschlafen, und dann hatten wir keine Zeit mehr, darüber zu reden.«

»Worüber habt ihr denn geredet?«

»Über Tolstoi, über Alexej Konstantinowitsch. Wissen Sie, es gibt bei uns drei Schriftsteller mit dem Namen Tolstoi. Lew Tolstoi, der hat über Krieg und Frieden geschrieben, aber das ist noch zu früh für mich. Dann ist da noch ein Alexej Tolstoi, doch Mama sagt, den kann ich auch noch nicht lesen. Der erste Alexej Tolstoi, der hat über den Fürsten Serebrjany geschrieben. Ein interessantes Buch, aber Mama hat es mir noch nicht zu Ende erzählt. Wir brauchen noch ein paar Tage. Wissen Sie vielleicht, woraus Grashüpfer schlüpfen?«

»Wie meinst du das?«

»Na, aus einer Raupe wird eine Puppe, und aus der Puppe schlüpft ein Schmetterling, aber ein Grashüpfer, schlüpft der auch aus einer Puppe, oder woraus? Mama hat es vergessen.«

»Entschuldige, ich weiß es auch nicht. Ich sehe, du bist nicht mehr wütend auf mich. Warum warst du am Anfang so wütend?«

»Na, ich dachte, Sie würden mich auch mit dem Gewehrkolben schlagen.«

»Ich schlage nicht. Wer hat dir denn so was angetan?«

»Na, ich hatte Geburtstag, und die Fee Morgana hat mir eine schöne Tulpe geschenkt. Sie stand ganz in der Nähe, aber auf der anderen Seite. Ich konnte sie noch nicht mal pflücken. Da hat er mich geschlagen, mit dem Gewehrkolben.«

»Und dann?«

»Das weiß ich nicht mehr. Mama sagt, ich habe alles vergessen und das ist gut, ich soll mich nicht daran erinnern.«

»Ich hab gehört, dass du nie weinst. Du bist ein tapferes Mädchen. Weißt du, als ich klein war, habe ich auch nie draußen auf der Straße geweint. Aber abends habe ich mich leise bei meiner Mama beklagt und geweint, und sie hat mich getröstet. Wie tröstet dich denn deine Mama, wenn du dich bei ihr beklagst? Was hat deine Mama gesagt, als du geweint hast, weil es so wehtat?«

Damit rührte er an etwas, an das ich nicht einmal zu denken wagte. Ich explodierte.

»Sind Sie denn völlig …« Ich winkte ab, weil mir nichts Höfliches einfiel. »Wie kann ich mich bei ihr beklagen?! Wo doch Mamas Hände ganz wund sind! Wir gehen sogar als Letzte essen, wenn schon alles kalt ist. Sie kann die heiße Schüssel nicht halten!«

Er wandte den Blick ab. Ich war nicht mehr zu bremsen.

»Ich höre jeden Morgen, wie die Brigadierin Mama anschreit: ›He, du arbeitsscheues Hinkebein, dir fällt das Scheißding ja dauernd aus den Pfoten‹ – wahrscheinlich meint sie so einen Hobel –, ›geh Ziegel trocknen.‹ Aber Mama trocknet nichts, sie schichtet den ganzen Tag riesige Ziegel um. Ich kann nämlich sehen, wie sie arbeitet, von da drüben hat man den Platz gut im Blick. Mama muss sich immerzu bücken und die Ziegel umdrehen. Aber weil sie das eine Bein nicht beugen kann, muss sie sich auf einem Bein bücken. Sie ist doch kein Kranich, dass sie den ganzen Tag auf einem Bein stehen kann! Am Ende läuft sie dort auf Knien!«, tobte ich. »Ihre Knie sind schon schlimm geschwollen, aber Mama beklagt sich bei niemandem. Sie lächelt mich immer an. Erzählt mir lustige Märchen und singt mir schöne Lieder vor. Nur nachts, wenn sie denkt, ich schlafe, da wiegt sie ihre Hände. Sie tun ihr so weh! Mamas Hände sind blutig, und die Ziegel sind schmutzig. In der Sanitätsstation gibt es kein Verbandszeug und kein Jod und überhaupt nichts, nur einen besoffenen Kerl mit roter Visage, den sehe ich jeden Tag hier rumlaufen. Ich hab ständig Angst, dass Mama eine Blutvergiftung bekommt und eine Gan… Gar… Gargän. Ich dachte, Sie … aber Sie … Sie … sind selber ein blöder Jammerlappen«, stieß ich hervor.

Dann, nach einer kurzen Atempause: »Und überhaupt will ich nicht mehr mit Ihnen reden.«

Ich rannte weg. Ich verkroch mich unter unserem Koffer und weinte lange. Schließlich hatte ich auch zum Weinen keine Kraft mehr.

Wenn man aus gutem Grund weint, stellte ich fest, bringen Tränen nie Erleichterung.

Überraschend kamen Mama und einige andere Frauen lange vor dem Ende des Arbeitstages zurück. Sie unterhielten sich fröhlich und lachten.

»Na, du Ataman!«, rief eine der Frauen mir zu.

Mama lachte und setzte hinzu: »Du hast dich beim NKWD-Chef tüchtig über alle beschwert, am Ende hast du ihn angeblich sogar angeschrien. Dort herrscht jetzt ein ziemlicher Aufruhr, da fliegen die Fetzen! Und wir alle wurden von der Arbeit freigestellt, bis wir wieder gesund sind. Sogar Medizin haben sie uns mitgegeben.« Mama zeigte mir eine Dose mit Salbe und verschiedene Pulver. Da erst bemerkte ich die sauber verbundenen Hände, Köpfe, Füße, Knie – je nach Verletzung.

»Außerdem lässt Arsentjew Transportpapiere für alle ausstellen. Wir werden bald in die Verbannung entlassen.«

Die Arbeiten am Barackenbau gingen zu Ende, das Lager war bereit zum Empfang »seines Kontingents«, also neuer Gefangener. Ich erfuhr, dass wir eigentlich nicht hätten in ein Lager geschickt werden dürfen, wir waren als AVF (»Angehörige eines Volksfeindes«) nur zur Verbannung verurteilt worden. Doch die Lager im Land reichten nicht aus, irgendwer musste neue bauen, deshalb waren wir und andere Frauen und Kinder von »Volksfeinden« hier gelandet.

Ein paar Tage später erhielten alle ihre Transportpapiere. Der Ort Kalininskoje hatte früher Kara-Balty* geheißen, nun heißt nur noch die Siedlung an der Bahnstation so. Alle Verbannten, Frauen und Kinder, mussten zu dieser Bahnstation und von dort an ihre Verbannungsorte in ganz Kirgisien fahren.

Nur wir mussten nicht weiter weg. Wir sollten uns beim NKWD-Chef des Kreises Kalininskoje melden, beim Genossen Arsentjew.

* So hieß der Ort auf Karten der UdSSR von 1939. Heute liegt er in Kirgistan und heißt Kara Balta.

6

Nicht Haus noch Hof

Am Mittag des nächsten Tages brachte ein Fuhrwerk das erste Dutzend Frauen und Kinder zur Bahnstation Kara-Balty. Die Frauen gingen zum Fahrkartenschalter, um sich zu erkundigen, wie sie in die in ihren Papieren genannten Orte Kirgisiens gelangen konnten. Mama und ich aber gingen eine Post suchen.

Bevor wir uns beim Kreis-NKWD meldeten, wollte Mama drei Briefe abschicken. Sie hatte an Papa nach Magadan geschrieben, an ihre Schwester in Moskau und an die Gepäckaufbewahrung des Bahnhofs Frunse, wo die Sachen lagen, die wir in Moskau mit dem Gepäckwagen losgeschickt hatten. Gleich am Tag nach unserer Ankunft im Lager hatte sie dem Lagerchef einen Brief überlassen – eine Mitteilung an die Gepäckaufbewahrung in Frunse –, in dem sie mit Verweis auf die Nummer unseres Gepäckscheins darum bat, unsere Sachen bis auf Weiteres aufzubewahren. Der Lagerchef hatte versprochen, den Brief über das Kreis-NKWD weiterzuleiten. Nun bat Mama, die Sachen zur Bahnstation Kara-Balty zu schicken und sie über deren Ankunft dort »postlagernd« zu benachrichtigen, denn sie sei eben erst in Kalininskoje eingetroffen und habe noch keine feste Adresse.

Wir schickten die Briefe ab und gingen zum NKWD. Mama erhielt von Arsentjew eine Bescheinigung, dass sie als Verbannte dem Kreis Kalininskoje zugeteilt sei. Er belehrte sie, dass sie den Kreis nicht verlassen dürfe. Einmal in der Woche habe sie sich beim NKWD zu melden. Sie müsse auf eigene Kosten eine Unterkunft mieten und sich auch selbst Arbeit suchen. Damit sie heute nicht auf der Straße übernachten müsse, werde sie zu einem »Nachtlager« gebracht. Über die Bezahlung solle sie sich selbst mit den Hausherren einigen. Außerdem ermahnte Arsentjew sie noch, sie sei verpflichtet, jede Veränderung dem NKWD mitzuteilen. Nebenbei bemerkte er, ihr Brief aus dem Lager an die Gepäckaufbewahrung sei durch seine Hände gegangen und abgeschickt worden. Lachend erklärte er, soweit er sich erinnere, sei meine Mama die Erste, die auf die Idee gekommen sei, nach Frunse zu schreiben, dass sie ihr Gepäck nicht gleich abholen könne, und er hoffe, die Sachen seien unversehrt. Dann wiederholte er noch einmal, die ihr ausgehändigte Bescheinigung sei unser Personaldokument und dürfe nicht verloren gehen.

Arsentjew rief einen Milizionär, und der brachte uns zu unserem Nachtquartier. Wir liefen lange – erst die Hauptstraße entlang, dann durch Seitenstraßen. Rechts und links hohe Lehmmauern, »Dubals«. Schließlich gelangten wir offenbar in eine Sackgasse, denn auch vor uns ragte ein Dubal auf, doch kurz davor führte im rechten Winkel ein schmaler Weg nach links. Wir bogen ein und standen im ersten Hof. Mama und ich blieben an der Pforte stehen, unser Begleiter ging ins Haus. Drinnen wurde lange und laut geredet, dann wurden wir gerufen. Die Hausherrin sagte unwirsch: »Ihr schlaft dort«, und zeigte auf eine kleine Tür in einem Anbau. Es war eine Art Schuppen aus noch feuchten Lehmziegeln, der künftige Hühnerstall. Auf dem Boden lag Stroh, über die Wände liefen Kellerasseln. Der Milizionär verschwand. Mama ging, um sich mit der Hausherrin über die Bezahlung zu einigen.

Am nächsten Morgen bezahlten wir Nachtlager, Abendbrot und Frühstück mit unserem Koffer und packten unsere Sachen in die Kofferhülle, die nun ein Rucksack war. Diese praktische Schutzhülle, mit Knöpfen auf der Innenseite und Tragriemen, die sich mühelos in einen Rucksack verwandeln ließ, hatte unsere Njanja genäht, als sie uns in Moskau auf die Reise vorbereitete.

Dann zogen wir los, um irgendwo im Kreis Kalininskoje Arbeit für Mama zu suchen. Es war Spätherbst. Das Heu war bereits eingebracht die Feldarbeiten waren beendet. Arbeit für Mama gab es nirgends. Anfangs tauschte sie unsere Sachen gegen Essen und Nachtlager, und als wir nichts mehr zum Tauschen hatten, schliefen wir in Heuschobern. Wir besaßen nur noch meinen Skianzug und den Rucksack.

Nun ließ Mama mich draußen, wenn sie in ein Haus ging. Abends aßen wir, an einen Heuschober gelehnt, Fladen- und Brotreste oder gekochte Maiskolben, die Mama aus dem Rucksack holte. Wenn wir uns im Heuschober schlafen legten, erzählte mir Mama nach wie vor deutsche und französische Märchen und Geschichten und sang mir schöne Lieder vor. Einmal sang sie etwas, das ich damals für ein Scherzlied hielt.

»Hab nicht Haus noch Hof,
Nur ein' Kaftan nenn ich mein.
Doch ich leb, beklag mich nicht.
Was soll der Tod mir sein?
Singend ziehn wir durch das Land,
Und der Wind summt mit.
Hüte dich, du reicher Mann,
Die Armut hat einen harten Tritt!«

Das Lied gefiel mir sehr, wir sangen es oft, wenn uns niemand hörte.

Lange fand sich keine Arbeit. Wir hatten kein Geld und keine Sachen mehr und liefen in den Dörfern von Haus zu

Haus – Mama hätte jede Arbeit angenommen. Bald begann sie stark zu husten und konnte nicht mehr singen.

Eines Morgens erwachte ich vor Mama, die gar nicht aufwachen wollte und ganz heiß war. Sie war krank. Ich musste etwas unternehmen. Ich zog meinen Skianzug aus und wollte die Hose über Mamas Beine ziehen – es ging nicht. Also deckte ich Mama einfach mit dem Anzug zu, warf Heu darüber, nahm den Rucksack, in dem nun nur noch unsere Papiere waren, und machte mich auf den Weg in das nicht weit entfernte Dorf. Ich ging die Straße entlang. Ringsum lauter Dubals, die Häuser dahinter waren nicht zu sehen, und plötzlich – ein Vorgarten, ein Lattenzaun und ein schönes Haus mit geschnitzten Fensterläden. Ich stieß gegen die Gartenpforte – sie öffnete sich. Ich machte mir große Sorgen: Mama brauchte Hilfe, es ging ihr sehr schlecht dort, ganz allein am Heuschober auf dem menschenleeren Feld. Doch ob uns die Leute in diesem Haus helfen würden? Ich musste sie irgendwie überreden, ihnen erklären, dass Menschen einander helfen müssen, dass das anständig ist.

Weil ich darüber nachdachte, wie ich hineingehen und was ich sagen sollte, bemerkte ich den großen Hund nicht gleich. Er verstand wohl, dass ich ein wichtiges Anliegen hatte, und bellte nicht einmal.

Ich klopfte an die Tür – Stille. Ich öffnete und betrat eine große Diele: Zwei gegenüberliegende Türen, über einer ein Heuboden. Ich schaute hinter die Tür – dort lebten offenbar Tiere, es roch nach Dung. Ich klopfte an die andere Tür. Dahinter hörte ich Stimmen, doch auf mein Klopfen reagierte niemand. Ich öffnete die Tür, ging hinein und grüßte zaghaft. Eine große Familie saß am Tisch beim Essen, am Kopfende der böse Barmalej*-Blaubart. Seine schwarzen Augen blickten mich unter buschigen dichten Brauen hervor böse an.

* Böser Pirat aus Kornej Tschukowskis Märchen »Doktor Aibolit« (Anm. d. Übers.).

»Woher kommst du?«, fragte Barmalej.

»Aus Moskau«, antwortete ich erschrocken.

»Gerade eben?«

»Nein, wir sind im Sommer gekommen.«

»Und wo hast du die ganze Zeit gewohnt?«

»Mama und ich waren bei den sieben Hügeln. Und jetzt sollen wir in diesem Kreis leben.«

Offensichtlich wussten sie, was sich bei den sieben Hügeln befand. Die Stimme wurde sanfter.

»Willst du was essen? Setz dich zu uns.«

»Danke, aber ich habe keine Zeit zum Essen.« Ich bemühte mich, sehr höflich zu sein, damit sie mich nicht davonjagten. »Dahinten auf dem Feld liegt meine Mama an einem Heuschober. Keine Angst, sie lebt, aber sie ist sehr krank, sie ist ganz heiß, und sie hustet schlimm und will gar nicht aufwachen. Aber sie atmet, sie lebt. Sie darf dort nicht allein liegen. Da ist es windig und kalt. Ich habe sie mit meinem Skianzug zugedeckt, aber der ist sehr klein. Keine Angst, wir sind keine Räuber. Wenn Sie wollen, zeige ich Ihnen unsere Papiere, sie sind hier, im Rucksack. Ich hatte Angst, sie auf dem Feld zu lassen.«

»Und warum bist du zu uns gekommen?«

»Ich wollte ins Dorf, wo Menschen sind. Meine Mama sagt: Menschen müssen einander helfen … Aber hier im Dorf sieht man nirgends Häuser, nur Lehmmauern. Aber Ihr Haus ist zu sehen, es ist ein schönes Haus, und … ja … da bin ich zu Ihnen gekommen, weil ich um Hilfe bitten möchte … Ich kann sonst nirgendwohin«, setzte ich mit fast versagender Stimme hinzu.

»Wirklich nirgendwohin?«

»Na ja … wahrscheinlich könnte ich zum NKWD gehen, zu Arsentjew, das ist der Natschalnik. Aber ich habe Angst. Wenn sie nun Mama wegbringen? Papa ist in Magadan, das ist da, wo die Kolyma ist. Mama darf nicht an die Kolyma, da ist es kalt, und Mama hat doch solchen Husten! Darum bin ich zu Ihnen gekommen. Bitte, holen wir Mama her. Bei Ihnen ist es warm, der Ofen ist geheizt.«

»Tja, was sollen wir machen? Müssen wir sie wohl holen. Setz dich an den Tisch, iss was, ich gehe das Pferd anspannen.«

»Bitte, Sie müssen mir nichts zu essen geben, fahren wir schnell Mama holen«, sagte ich hastig. Vielleicht war er doch kein Barmalej?

»Wovor hast du Angst? Wir beißen nicht.«

»Ich hab Angst, dass Sie mir erst etwas zu essen geben und dann Mama nicht herholen.«

»Doch, wir holen sie, setz dich und iss, hab keine Angst, wir holen sie ganz bestimmt.«

»Aber wir haben gar kein Geld und keine Sachen. Doch ich kann bei Ihnen arbeiten, solange Mama krank ist.«

»So, was kannst du denn?«

Ich war ratlos. Was konnte ich eigentlich? Was sollte ich antworten, damit er Mama holte? Lügen durfte ich nicht, das wäre eine Schande, außerdem würden sie schnell merken, dass ich eine Lügnerin war. Aber das Wichtigste war jetzt schließlich, dass er Mama holte, hier war es warm, der Ofen war geheizt. Er würde uns doch nicht hinterher wieder auf die Straße schicken, das wäre nicht anständig.

Allerdings ist lügen auch nicht anständig, dachte ich und sagte traurig: »Ich kann wenig. Ich kann Geschirr abtrocknen, vielleicht den Fußboden fegen, ich kann verschiedene Märchen erzählen und alle möglichen Lieder singen, doch das ist wahrscheinlich keine Arbeit, nicht? Aber ich werde mir große Mühe geben, ich werde lernen, was nötig ist.«

Gegen einen Kloß im Hals ankämpfend, bat ich beinahe flüsternd: »Bitte, helfen Sie meiner Mama. Sie friert doch dort so, und sie hustet so schlimm, fahren wir, schnell.« Es kribbelte in meiner Nase. Wer weint, verliert immer, erinnerte ich mich plötzlich. Tief einatmen, ausatmen …

»Ich helfe Ihnen beim Anspannen«, sagte ich entschlossen und ging, ohne mich umzudrehen, zur Tür.

Auf dem Hof spannte ein junger Mann bereits ein Pferd vor einen Wagen.

Der Hausherr trat zu ihm und begann laut zu schimpfen, wobei er immer wieder zum benachbarten Hof hinübersah. Ich hörte nur einzelne Worte wie »treiben sich hier rum«, »drängen sich einfach auf« und anderes, das ich gar nicht verstand.

Die Hausherrin kam aus dem Haus gelaufen, flüsterte mir zu: »Keine Angst, das Schimpfen gilt nicht dir«, und wickelte mich in ein großes Wolltuch, das sie auf meinem Rücken zusammenband. Mir war sehr kalt, besonders nach dem warmen Zimmer.

Sie warfen einige Armvoll Heu in den Wagen, gruben mich bis zur Hüfte darin ein, und der Hausherr fuhr schimpfend vom Hof.

Er schimpfte die ganze Zeit, solange wir auf der Straße waren; sobald wir den Dorfrand erreichten, verstummte er. Dann fragte er, in welche Richtung er fahren solle, und jagte das Pferd quer durch die Steppe. Als wir den Heuschober erreicht hatten, holte er ein großes hellgraues Stück Stoff (Sackleinen heißt das) aus dem Wagen und wickelte Mama darin ein, als wäre sie ein kleines Kind. Er schob Stroh beiseite, setzte mich quer an die Stirnwand des Wagens, bettete Mama so, dass ihr Kopf auf meinen Knien lag, bedeckte ihren Kopf und ihr Gesicht mit einem Zipfel des Sackleinens und ihren ganzen Körper mit Stroh. Der Wagen war ein Kastenwagen, ein großer hölzerner Trog mit hohen Wänden auf Rädern. Damit transportiert man Mais und Getreide, nicht in Säcken, sondern lose. Ich saß auf dem Boden, und die Wände überragten meinen Kopf.

Nach Hause nahmen wir einen Umweg über den Viehtriebpfad. Unterwegs hielten wir mehrmals an, der Hausherr warf eine dicke Schicht Steppensalzkraut über das Stroh und band es fest. Später erfuhr ich, dass es getrocknet und als Heizmaterial verwendet wird.

7

Bei Großvater Saweli

Alle sahen, dass Saweli (so hieß der Hausherr) Salzkraut aus der Steppe geholt hatte – nichts Besonderes also. Das Fuhrwerk hielt vor der Banja, die gerade geheizt wurde. Ich wurde zusammen mit einem Bündel Salzkraut in einen halbdunklen kleinen Raum mit Bänken an den Wänden getragen, den Vorraum der Banja, aus dem Tuch gewickelt und auf eine Bank in der Ecke gesetzt. Saweli trug meine Mama herein, nach ihm kamen zwei Frauen mit Salzkrautbündeln.

Die Frauen legten Mama auf eine Bank und sagten zu mir, sie müsse liegen bleiben, bis die Banja richtig eingeheizt sei, danach würden sie sie kurieren. Mich aber wollten sie ordentlich schrubben und meine Wäsche waschen. Ich zog mich aus. Die Frauen sahen sich an.

»Wann warst du das letzte Mal in der Banja?«, fragte die Ältere.

»Ich war noch nie in einer Banja, in Moskau hatten wir eine Badewanne und eine Dusche.«

»Und da, wo du vor Kurzem mit deiner Mama gelebt hast, gab es da eine Banja? Habt ihr dort gebadet?«

»Wir dürfen nicht erzählen, was hinter den sieben Hügeln war, das ist nicht erlaubt.«

»Du sollst ja gar nichts erzählen, das interessiert uns nicht, sag uns nur: Hast du dich dort irgendwo mal von Kopf bis Fuß gewaschen?«

»Nein. Wir haben uns nur die Hände gewaschen und Katzenwäsche gemacht. Zu Anfang hat mich Mama von oben bis unten mit einem feuchten Handtuch abgerieben. Bloß in letzter Zeit nicht mehr, wir haben alle Handtücher verbraucht zum Verbinden von Mamas Händen. Außerdem haben meine Beine und mein Rücken sehr wehgetan von der Peitsche. Aber ich habe nicht geweint, ich hab ihm fast den Finger abgebissen, jawohl.«

Die Frauen sagten nichts. Sie fragten nur nach meinem Namen und nannten mir beide ihren. Die Jüngere hieß Manja, sie war die jüngste Tochter der Hausherren, Lena, die Ältere, war schon verheiratet und lebte nicht mehr bei den Eltern; die Mutter hatte sie zum Helfen geholt.

»Komm mit«, sagte Manja, »Lena bleibt hier bei deiner Mama und wäscht deine Sachen.«

In der Banja wuschen sie mich lange in einer Zinkwanne – erst mit Lauge, dann rieben sie mich mit Seifenwurz ab, danach legten sie mich in dem kleinen Raum, in dem sehr viel heißer Dampf war (das »Dampfbad«), auf eine Bank und schlugen mich mit einem grünen Besen. Das tat nicht weh und war nicht kränkend, es war eine »Dampfreinigung«, damit ich blitzsauber wurde und alle Krankheit aus mir wich, damit mir die Erkältung nichts anhaben konnte.

Dann, als ich schon quietschte vor Sauberkeit, übergossen sie mich erst mit warmem, dann mit kühlem Wasser, trockneten mich ab und zogen mir ein Hemd, eine Jacke und einen Rock von Manja an, die mir bis zu den Fersen reichten.

»Zu lang, aber dafür warm«, sagte Lena.

»In deinem kurzen Kleidchen kannst du hier im Winter nicht rumlaufen, das ist viel zu dünn, du würdest dich erkälten«, ergänzte Manja.

Sie hob mich mit dem rechten Arm hoch, drückte mich an sich, warf sich Sackleinen über und rannte in die »Hütte« (so nannten sie ihr Haus). Sie stellte mich auf den Boden und zog den Vorhang vorm Fenster zu. Am Ofen stand noch eine Frau – Vera, die mittlere Schwester.

»Vera, geh in die Banja und hilf Lena«, sagte Manja.

»Werden Sie Mama waschen?«, fragte ich, und als Vera das mit einem kurzen Nicken bestätigte, sagte ich: »Seien Sie bitte vorsichtig. Sie dürfen Mama nicht in die Wanne setzen, ihr

linkes Bein ist fast steif. Wenn Sie es zu stark beugen, brechen Sie ihr das Bein. Und an ihrer Hand ist noch Schorf – sie hat sich die Hände am Hobel wund gescheuert. Der Schorf darf nicht abgekratzt werden, er muss von selber abfallen.«

»Gut, dass du das sagst, wir werden vorsichtig sein. Ich gehe jetzt, und du isst was, ja? Manja, frag sie, was sie in letzter Zeit gegessen hat – damit wir keinen Schaden anrichten.«

Vera griff nach dem Sackleinen und ging hinaus. Manja setzte mich auf eine warme Ofenbank, ließ sich neben mir nieder und fragte: »Hast du in letzter Zeit schlecht gegessen?«

»Nein, ich habe gut gegessen. Wir hatten bloß nicht viel zu essen. Mama findet einfach keine Arbeit, und alle unsere Sachen haben wir schon gegen Essen getauscht. Jetzt haben wir nichts mehr, nur noch den Gepäckschein. Und wer weiß, ob unsere Sachen noch da sind, in der Gepäckaufbewahrung in Frunse. Wenn sie nach Kara-Balty geschickt werden, dann bekommen wir sie. Da sind auch Wintersachen dabei und vieles andere. Wir sind ja im Sommer in Frunse angekommen, aber jetzt ist es schon sehr kalt.«

Während ich das alles erzählte, goss Manja heiße Milch in eine Tonschale, brockte Brot hinein, gab mir einen Holzlöffel und sagte, ich solle alles aufessen, aber langsam. Das schmeckte so gut!

Dann schickte mich Manja auf den Ofen – dort war es warm, und keiner würde mich entdecken. Die Dämmerung brach an. Manja sagte, sie würden meine Mama erst ins Haus holen, wenn es dunkel sei, aber hier werde es schnell dunkel; dann ging sie in die gute Stube, das Bett für Mama machen.

Die gute Stube ist das schönste Zimmer im Haus. Es wird selten benutzt, unter den Heiligenbildern steht dort ein prächtiges Bett mit Spitzendecke und mehreren Kissen in spitzenbesetzten Bezügen.

Manja zündete die Lampe an und deckte das Bett auf. Bald wurde Mama gebracht, in einem langen weißen Hemd, und auf das Bett unter den Heiligenbildern gelegt. Die Frauen gaben ihr etwas zu trinken und bespritzten sie mit Wasser aus der heiligen Ecke. In der Wärme schlief ich ein. Als ich aufwachte und vom Ofen kletterte, schlief Mama, sie atmete schon leichter. Ihre Wangen waren gerötet. Aber was war mit ihrem Haar passiert? Mama hatte immer sehr schönes Haar gehabt – dicht, gewellt und dunkel kastanienbraun. Früher hatte es in der Sonne geglänzt und geleuchtet, doch nun lagen auf dem schneeweißen Kissen Strähnen merkwürdig grauer Haare. Ich trat näher und berührte sie – Mamas seidiges Haar war grau. Dass Mama ergraut war, hatte ich nicht gewusst, es fiel mir erst jetzt auf. Ich streichelte das graue Haar und weinte bitterlich – weil Mama nie wieder so schön sein würde wie früher, weil ich nicht bemerkt hatte, wann sie ergraut war, und vor allem, weil ich nicht wusste, warum das alles so gekommen und ob es meine Schuld war.

»Nun gräm dich nicht so, hör auf zu weinen! Deine Mama wird wieder gesund, ganz bestimmt. Und keiner ist schuld – das ist das Leben. Und die Haare? Ach – wem der Kopf abgeschlagen wird, der trauert nicht um die Haare. Wenn deine Mama wieder gesund ist, färben wir ihre Haare, dann ist sie wieder die Allerschönste. Wie alt ist sie eigentlich, weißt du das? Und wie alt bist du?«, vernahm ich eine freundliche Stimme. Neben mir stand die Hausherrin, streichelte und klopfte mir sanft und behutsam den Rücken. »Komm essen, Kleines, lass deine Mama erst mal schlafen. Nicht weinen. Siehst du, sie ist ganz unruhig, weil du weinst. Einer Mutter tut immer das Herz weh, wenn ihr Kind weint. Aber deine Mama muss gesund werden, reg sie nicht auf, komm mit.«

Sie führte mich in das Zimmer, in dem der große russische
 Ofen stand.

Wieder saß die ganze Familie am Tisch, doch inzwischen war Abend, eine Lampe brannte, und ich hatte keine Angst mehr, der Hausherr an der Stirnseite des Tisches kam mir nicht mehr vor wie der böse Barmalej. Rechts von ihm saßen zwei junge Männer – sie sahen vollkommen gleich aus, nur dass der eine ganz schwarze Haare hatte und der andere etwas hellere. Ihren Brüdern gegenüber saß Manja. Ihr dicker Zopf hing bis unter die Bank. Ich bekam einen Platz neben Manja, die Hausherrin setzte sich dem Hausherrn gegenüber. Ich wusste gleich, dass sie immer so saßen, dass jeder seinen festen Platz hatte – die Söhne rechts, die Töchter links vom Vater.

»Na, wie heißen denn unsere Findelkinder, und wie alt sind sie?«, fragte der Hausherr.

»Ich heiße Elja, meine Mama Julia, ich bin sechs, Mama ist im Juli fünfunddreißig geworden. Darum heißt sie Julia, weil sie im Juli geboren ist. Ich bin im August geboren, doch ich bekam den Namen Stella, nicht Augusta, aber alle nennen mich Elja.«

»Ella, Elitschka, Elle, schuppige Forelle«, neckte mich der Bruder mit den helleren Haaren lachend.

»Bin ich schuppig, dann bist du ruppig«, parierte ich gekränkt.

»Sachte, Jungs!«, ermahnte der Hausherr seine Söhne. »Siehst du, Mutter, bald sind wir wieder zu siebt am Tisch. Bis unsere Pflegetochter gesund ist, hab ein Auge auf die Enkelin – sie ist ziemlich vorwitzig. Manja, trag das Essen auf.«

Manja zog mit einer Topfgabel einen großen gusseisernen Topf aus dem Ofen. Sie nahm den Deckel ab und ging ein Stück beiseite. Die Hausherrin füllte mit einer großen Holzkelle Hirsebrei in Tonschüsseln, gab jeweils einen Klecks Butter darauf und reichte die Schüsseln der Tochter. Die erste, vollste, stellte Manja mit einer Verbeugung dem Vater hin. »Wohl bekomm's, Vater«, die nächste ihrem Bruder – »Wohl bekomm's, Bruder Petro« –, die nächste dem anderen Bruder – »Wohl bekomm's, Bruder Pawlo«. Inzwischen saß die Hausherrin auf ihrem Platz, und Manja stellte auch ihr mit einer Verbeugung eine Schüssel hin – »Wohl bekomm's, Mamanja«.

Alle saßen reglos da, vor sich die dampfenden braunen Schüsseln mit einem kleinen Berg goldgelber Grütze, auf dem der Butterklecks langsam schmolz. Es duftete paradiesisch! Manja stellte auch mir eine Schüssel hin. »Wohl bekomm's, Jelitschka.« Noch griff niemand zum Löffel. Ich wartete schweigend, was die anderen tun würden. Manja stellte jedem einen Becher Milch hin, holte ihre Schüssel mit Grütze und ihren Becher Milch vom Ofen und setzte sich an den Tisch. »Gesegnete Mahlzeit«, sagte der Vater und bekreuzigte sich. Alle bekreuzigten sich und griffen zu ihrem Löffel. In meiner Schüssel schien recht wenig Grütze zu sein, aber obendrauf lag ein riesiger schmelzender Butterklecks. Ich schaute in meinen Becher – auch er war nur knapp zur Hälfte gefüllt. Unentschlossen griff ich zum Löffel und blickte zu den anderen am Tisch.

»Sag Opa Saweli zu mir und zu ihr Oma Nastja. Denk nicht, wir würden mit dem Essen geizen. Aber du darfst noch nicht so viel auf einmal essen, sonst wirst du krank. Wenn du öfter isst und viel Butter, dann wird alles gut. Manja, rühr ihr die Grütze um. Hast du ihr schon frische Milch gegeben?«

»Ja, Vater«, antwortete sie und rührte die Grütze in meiner Schüssel um.

Nach der Banja hatte ich auf dem Ofen geschlafen, bis Manja mich weckte und mir einen halben Becher wunderbare warme Milch brachte, den ich austrinken musste. Danach war ich wieder eingeschlafen. Jetzt wurde ich recht schnell mit meiner Grütze fertig und griff zur Milch.

»Jelitschka, magst du Brotkanten? Hier, der ist besonders

knusprig.« Pawlo reichte mir einen gelbrosa Kanten. In jener Gegend wird Maismehl ins Brot gegeben, darum ist das Brot sehr weiß und die Kruste gelb.

»Danke.« Ich aß das Brot zu meiner Milch, dann schaute ich mich um. Auch die anderen hatten fast aufgegessen. »Danke, es hat alles sehr gut geschmeckt«, sagte ich und sah den Großvater fragend an. Er nickte. »Opa Saweli! Warum ist meine Milch gelb und die von allen anderen bläulich?«

»Sieh mal an, was für scharfe Augen! Die Milch wird in einer Zentrifuge geschleudert – das ist ein Apparat mit Kurbel. Man gießt die Milch hinein, dreht die Kurbel, und aus der Zentrifuge kommt die Milch in zwei Strahlen. Einer ist dünn und gelblich – das ist der Rahm, ihr sagt Sahne dazu. Den trinken kleine Kinder und Kranke, außerdem wird daraus Butter gemacht. Der größere, bläuliche Strahl, das ist Magermilch, die trinken Erwachsene, und auch daraus werden viele gute Sachen gemacht. Aber das wirst du alles bald selbst sehen«, sagte Opa Saweli und erhob sich vom Tisch. Auch die anderen standen auf.

In dieser Familie galten strenge Tischsitten. Der Erste, der sich setzte oder aufstand, war der Hausherr. Gefrühstückt wurde nicht immer zusammen. Im Frühjahr und im Sommer aßen zuerst die Männer, sie gingen sehr früh zur Arbeit; waren jedoch alle Feldarbeiten beendet, saßen beim Frühstück, beim Mittagessen und beim Abendbrot alle zusammen. Frühstück und Mittagessen mussten schnell gehen – das Essen stand bereits auf dem Tisch, wenn sich alle setzten. Es gab noch viel zu tun, da durften sie keine Zeit verlieren. Doch das Abendessen verlief zu jeder Jahreszeit, wie es sich geziemte. Die jüngste Tochter bediente diejenigen, die die schwerste Arbeit verrichteten, wobei sie jedem mit einer Verbeugung ihren Respekt für seine Arbeit bekundete. Und diesen Respekt verdienten sie alle – sie waren tüchtige Arbeiter!

8

Die Jushaks

Diese Familie hatte eine erstaunliche Geschichte. Saweli und seine Frau Nastja wurden noch unter Zar Alexander II. im Gouvernement Kursk geboren. Sie hießen Jushakow, darum wurden sie die Jushaks* genannt. Als ich sie kennenlernte, waren beide über sechzig. 1907, zu Beginn der Stolypin-Reformen**, machten sich Saweli und Nastja mit ihren damals bereits fünf Kindern, zwei Jungen im Alter von dreizehn und elf Jahren (Jakow und Wassja) und drei Mädchen im Alter von neun, sechs und zwei Jahren (Lena, Dunja und Frossja), auf die Suche nach einem besseren Leben. In den Steppen jenseits der Wolga, in Kasachstan, sollten sie als Umsiedler Land bekommen, so viel sie wollten. Sie spannten die Pferde an, beluden Fuhrwerke mit ihrer Habe und ihren Kindern, banden hinten die Kühe an und brachen zu Beginn des Frühjahrs auf. Fast ein Jahr lang dauerte ihre Reise. Unterwegs begruben sie die Jüngste, Frossja, und einen neugeborenen Jungen.

Erst im Winter erreichten sie Aktjubinsk. Sie erhielten ein großes Stück Land, kauften bei Kasachen eine Jurte und überlebten darin die eisige Kälte. Im Frühjahr säten sie das Korn aus, das sie von zu Hause mitgenommen und auf ihrer Reise sorgsam gehütet hatten. Alle arbeiteten »von früh bis spät, dass die Schwarte krachte«. Jakow und Wassja taten es dem Vater gleich – sie pflügten, säten, mähten, droschen (mit einem Dreschflegel!) und halfen beim Hausbau. Nastja und die Mädchen Lena und Dunja erledigten die Arbeiten im Haus,

* Jushak – (russ.) Südwind (Anm. d. Übers.).

** Von Ministerpräsident Pjotr Stolypin initiierte Landwirtschaftsreform, dank derer es für die Bauern unter anderem einfacher und günstiger wurde, Land zu kaufen, besonders in den noch nicht erschlossenen Gebieten des Russischen Reichs.

im Gemüsegarten und im Stall, sie spannen, webten, strickten und kümmerten sich um die Mahlzeiten für alle. Die Kinder arbeiteten mit, egal, wie alt sie waren. War eines noch zu klein, um eine Sense oder eine Sichel zu halten – Unkraut hacken konnte man in jedem Alter. Jedes Jahr kauften die Jushakows Land dazu, das Vieh vermehrte sich von selbst. Nach drei Jahren waren sie wieder auf die Beine gekommen. Saweli erwarb
von kasachischen Bais ein großes Stück Steppe, um Vieh zu züchten – Kühe, Pferde und Schafe. Für die Zucht kaufte er Feinwollschafe. Saweli hatte ein Händchen für alles, besonders für die Viehzucht.

1912 war Saweli bereits »gut im Geschäft«: Er belieferte die russische Armee mit Rind- und Hammelfleisch, aber auch mit Zugpferden für die Artillerie. Die Familie wuchs um weitere drei Münder – die Zwillinge Michail und Danila und die kleine Vera. 1915 heiratete Jakow und bekam einen eigenen Hof zugeteilt. Im Frühjahr 1917 heiratete Wassili und erhielt ebenfalls seinen Anteil.

Im Frühjahr 1918 verkaufte Saweli, um der Revolution zu entgehen, seinen gesamten Besitz, lud die bewegliche Habe auf Fuhrwerke und machte sich mit seiner Frau und fünf Kindern (Lena war zwanzig, Dunja siebzehn, Vera sechs, Mischa und Danja waren neun) auf den Weg nach Mittelasien, über Landstraßen und querfeldein durch die Steppe. Saweli sprach gut Kasachisch, das war sehr hilfreich. Über ein Jahr lang waren sie unterwegs. Sie hatten Vieh mitgenommen – Feinwollschafe und Milchkühe –, landwirtschaftliches Gerät – Pflüge, Eggen, die Zentrifuge – und sogar eine fußbetriebene Singer-Nähmaschine. Die Fuhrwerke wurden von Hengsten und Laststuten gezogen. Nastja und Vera saßen in einem zweispännigen Planwagen, der Vater, die älteren Töchter und die Zwillinge auf Pferden. Bei einer Flussüberquerung ertrank Danja, einer der Zwillinge.

Mitte 1919 erreichten sie Kara-Balty und ließen sich dort nieder. Im Land tobte ein schrecklicher Bürgerkrieg, doch hier in Kirgisien war es recht ruhig. Sie bauten ein Haus, bekamen die Zwillinge Petro und Pawel, bestellten ihr Feld und arbeiteten erneut ohne Unterlass. Kamen wieder auf die Beine. Im Herbst 1920 verheirateten sie Dunja und versahen sie mit einer guten Mitgift.

Im Winter 1921/22 gab es eine große Hungersnot. Sie fiel mit der Agrar- und Wasserreform zusammen: Land und Wasser wurden den örtlichen Bais und den wirtschaftlich starken Umsiedler-Bauern weggenommen. (Das Wort »Kulak«, wie wohlhabende Bauern später genannt wurden, war damals noch nicht gebräuchlich.) Als Land und Wasser schließlich neu verteilt waren, wurde die Zeit zu knapp für die Aussaat. Und wer doch etwas ausgesät hatte, erntete kaum etwas.

Auf dem trockenen Boden dort wächst ohne künstliche Bewässerung fast nichts. Für die Bewässerung sorgen die Aryks, künstliche Gräben, die das Wasser aus den Bergen auffangen und weiterleiten. Sie müssen gepflegt und das Wasser muss so verteilt werden, dass es für alle reicht – das ist in Mittelasien Aufgabe der Mirabs. Die aber waren im Zuge der Wasserreform davongejagt worden. Gehört ein Aryk allen, ist also niemand direkt für ihn verantwortlich, dann führt er merkwürdigerweise kein Wasser.

Die Jushaks hatten es sehr schwer, doch niemand aus der Familie starb in diesem schlimmen Jahr, obgleich die Alten vor Hunger aufgedunsen waren, weil sie so viel wie möglich den Kleinen gaben.

Trotz des Hungers bewahrten Saweli und Nastja Saatgut auf – Weizen und Mais – und behielten eine Kuh, einen Bullen, drei Feinwollschafe, einen Hammel und zwei Pferde, einen Hengst und eine Stute. Alles andere aßen sie in diesem Jahr auf.

Kurz vorm Frühjahr verschwand plötzlich der dreizehnjährige Mischa. Er war oft bei den Nachbarn, ihnen ging es sehr schlecht, und Mischa half der entkräfteten Nachbarin. Ihre Kinder waren jünger als Mischa und noch keine Hilfe, und ihr Mann war ein Trinker und Bummelant, also auch keine Hilfe.

Mischa ging zur Nachbarin – und kam nicht mehr nach Hause. Als seine Familie ihn suchte, wandte der Nachbar den Blick ab und sagte, Mischa sei nicht bei ihnen gewesen. Eine Woche darauf kämpfte der Hund der Jushaks lange mit dem der Nachbarn, entriss diesem etwas, brachte es nach Hause, legte es auf die Hausschwelle und heulte klagend.

Der Hund hatte Mischas Skalp gebracht. Nun war alles klar. Offensichtlich hatten die Nachbarn Mischa gegessen, doch das war nicht zu beweisen, und die Verantwortlichen bemühten sich auch nicht sonderlich darum.

Nastja lag lange besinnungslos danieder.

Während Nastjas Krankheit übergab Saweli sein Haus Dunja und ihrem Mann und zog mit seiner Familie in ein anderes Dorf, nach Wosnessenowka. Auf Beschluss des Dorfsowjets wurde ihm am Dorfrand ein Stück Land für einen Hof zugeteilt und Ackerland nach Anzahl der Esser. Wieder rappelte er sich auf, aber nun hatte die Familie nur noch wenige Arbeitskräfte – er selbst, seine Frau und Lena, die Älteste; Vera war zehn, sie erledigte die Hausarbeit, die dreijährigen Petro und Pawel hüteten die Gänse.

Im Herbst 1922 wurde Manja geboren, das letzte, jüngste Kind.

Als wir im Herbst 1937 bei den Jushakows auftauchten, besaßen sie eine gut gehende Einzelwirtschaft. Die einzige mitten in der Kolchos – »Glückseligkeit«! Sie betrieben den Hof zu fünft: Saweli, Nastja, die achtzehnjährigen Petro und Pawel und die fünfzehnjährige Manja. Lena und Vera waren verheiratet und lebten im eigenen Haushalt.

Die Familie arbeitete nach wie vor von früh bis spät. Saweli schien alles zu können. Neben der üblichen Feld- und Gartenarbeit war er ein Meister der Töpferscheibe. Tontöpfe, Krüge, Schüsseln und Becher fertigte und brannte er selbst. Außerdem flocht er Körbe und Bastschuhe.

Die Familie hielt Schafe. Feinwollschafe werden einmal im Jahr geschoren, im Frühling, jedes Schaf gibt fünf bis sechs Kilo Wolle. Die einheimischen Grobwollschafe müssen im Frühjahr und im Herbst geschoren werden, jede Schur bringt drei bis vier Kilo Wolle pro Schaf. Die gesamte Wolle wurde verarbeitet – gewaschen, gekämmt und gesponnen, dann wurden daraus Pullover, Tücher und Socken gestrickt. Die Kämmabfälle wurden zu Filz verarbeitet. Daraus machte Saweli Filzstiefel, die weiße Wolle der Merinoschafe walkte und rollte er zu etwas Feinem, Weichem, wie Tuch. Aus diesem »Tuch« wurde Kleidung genäht, sie wurde sogar verschieden gefärbt!

Außerdem zimmerte und tischlerte Saweli – er baute alle möglichen Möbel. Und seine Schnitzereien waren wie feine Spitze aus Holz! Die Muster dafür entwarf er selbst. Er fertigte auch Holzlöffel und -schüsseln.

Wenn es nötig war, stellte sich der Hausherr an seine Feldschmiede und schmiedete Nägel, Bauschellen, Messer, reparierte Geräte und beschlug Pferde. Er konnte auch Schuhe flicken und Galoschen abdichten.

Im Dorf wurde er sehr geachtet, aber auch ein wenig gefürchtet: Manche argwöhnten, er sei womöglich ein Hexer. Doch wenn ein Brunnen gegraben werden sollte, holte man Saweli: Er wusste genau, wo man graben musste, wo eine Wasserader war. Hatte eine Kuh Schwierigkeiten beim Kalben, bat man Saweli um Hilfe. Saweli konnte praktisch alles.

In allen Gärten wuchsen Maulbeerbäume – das sind hohe Bäume mit süßen hellgelben Beeren, die aussehen wie große längliche Himbeeren. Saweli hatte am Zaun zum Nachbarn eine ganze Reihe Maulbeerbäume gepflanzt, und als sich im Frühjahr die Knospen öffneten und die Blätter sprossen, beschaffte er von irgendwoher mehrere Kisten mit Seidenspinnerraupen. In Regalen im Schuppen wurden diese Raupen mit Maulbeerblättern gefüttert. Nach 30 bis 35 Tagen Fütterung spinnen die Raupen einen Kokon. Damit sich der Kokon gut abwickeln lässt, wurden spezielle Kokonhalter aufgestellt, die aussahen wie Strohbesen. Im Winter, wenn »nichts zu tun« war, band die Familie Tausende solcher Besen. Drei Tage lang spinnt sich die Raupe ein, im Inneren entsteht eine Puppe. Nach 14 bis 18 Tagen schlüpft aus der Puppe ein Schmetterling, aber kurz davor, neun bis zehn Tage nach dem Einspinnen, werden die Kokons eingesammelt und sofort getrocknet, sonst schlüpft der Schmetterling tatsächlich, und der Kokon lässt sich nicht mehr abwickeln. Die Jushaks trockneten die Kokons im russischen Ofen. Die getrockneten Kokons ließen sich gut aufbewahren. In der »freien« Zeit wurden die Kokons abgewickelt. Die gewonnenen Fäden wurden zu Seide gewebt oder als Strickgarn verwendet.

Wenn ein Schaf oder ein Hammel geschlachtet wurde, gerbte Saweli das abgezogene Fell, daraus nähte man Schaffelljacken für die ganze Familie.

Eine solche Familie also kümmerte sich nun um Mama und mich. Mama ging es bald besser. Sie wurde gesund gepflegt, ich wurde vor allem aufgepäppelt. In dieser Zeit lernte ich so viel Interessantes kennen! Ich sah beim Dreschen mit Dreschflegeln zu, beim Spinnen und beim Weben. Saweli nahm mich mit in die Berge, dort holten wir Ton zum Töpfern, und er schnitzte mir einen kleinen Löffel, genau passend für meine Hand.

Saweli lächelte selten und redete noch seltener. Er stellte Mama nie Fragen. Wenn ich ihn mit allerlei Warums löcherte, runzelte er bisweilen die Stirn und antwortete ausführlich, meist aber sagte er: »Komm mit, dann siehst du's.« Ich folgte ihm auf Schritt und Tritt und schaute ihm bei allem zu, was er tat.

Schließlich war Mama gesund und machte sich wieder auf die Suche nach Arbeit. Mich ließen die Jushaks nicht immer

mitgehen, nur bei schönem Wetter. Abends kehrten wir zurück in das warme Haus.

Ganz »nebenbei« fertigte mir Saweli Filzstiefel und nähte mir Itschigi, Lederstiefel mit weicher Sohle. Die Stiefel waren mir ein bisschen zu groß, »zum Reinwachsen«. Er reparierte meine und Mamas Schuhe. Lange drehte und wendete er Mamas linken Schuh, vermaß etwas und … drechselte aus Holz eine exakte Kopie von Mamas orthopädischer Schuhsohle. So bekam auch Mama neue Lederstiefel, sogar orthopädische!

Abends setzten sich alle an eine Arbeit. Manja und Nastja spannen, Mama nähte hübsche Kleider und Blusen für Manja – sie war im heiratsfähigen Alter und brauchte bald eine Aussteuer. Mama konnte gut mit der Nähmaschine umgehen, was sie nähte, sah aus »wie aus dem Laden«. Saweli und die Söhne schnitzten Löffel oder flickten Schuhe, und ich – ich las laut und ausdrucksvoll aus einem dicken alten Buch vor: »Leben der Heiligen«. Manchmal übernahm Mama das Vorlesen, aus einem anderen Buch – der Bibel. Die konnte ich nicht flüssig lesen, sie war in Kirchenslawisch geschrieben. Wenn Mama beim Vorlesen bemerkte, dass ich etwas nicht ganz verstand, übersetzte sie es ins Russische.

Als wir eines Abends von der Arbeitssuche zurückkehrten, sagte Mama, sie könne, obwohl sie eigentlich Agronomin sei, vielleicht eine Stelle als Schreibkraft in der Kolchosverwaltung in Kaptal-Aryk bekommen. Sie bräuchten eine Sachbearbeiterin, die Russisch könne. Allerdings sei es ein kirgisisches Dorf, niemand dort spreche Russisch, nicht einmal in der Verwaltung.

»Sag nicht voreilig zu«, riet ihr Saweli nach kurzem Überlegen. »Du müsstest die täglichen Arbeitsbelege ausstellen, nach den Angaben der kirgisischen Kontrolleure. Sie verstehen durchaus Russisch, viele sprechen es auch, bloß mit starkem Akzent. Nach diesen Belegen musst du dann die Wochen- und Monatsberichte über das erfüllte Soll für den Kreis schreiben. Doch bei der ersten Revision wird sich herausstellen, dass die von dir verfassten Berichte nicht stimmen. Die Kontrolleure und die Brigadiere werden sagen: ›Men urustscha bilme‹*, und du bist dran wegen Sabotage und kommst nach Sibirien. Nein, ich bin dagegen. Wenn du trotzdem annimmst – Jelitschka geben wir nicht her, sie bleibt hier. Dorthin darfst du das Mädchen nicht mitnehmen: Sie würden sie entführen, zu ihrer Sippe in die Berge schaffen und mit zehn, zwölf Jahren verheiraten. Ein so blondes Mädchen bringt einen großen Kalym**. Hier ist nicht Moskau – hier herrschen andere Sitten. Dafür geben wir dir nicht unseren Segen. Nicht wahr, Mutter?«

»Ich lasse keine von euch beiden weg. Im Frühjahr müssen die Jungen zur Armee, dann ist das Haus ganz leer. Und du kannst auch hier in der Kolchosverwaltung anfangen. Vater hat entschieden: Wenn die Jungen zur Armee gehen, fängt er im Kolchos an, im Bullenstall – ohne die Männer können wir den Hof sowieso nicht mehr bewirtschaften.«

»Und wie werden Sie dann zurechtkommen?«, fragte Mama.

»Na, wenn Saweli als Bullenwärter im Kolchos arbeitet, stehen ihm das ganze Jahr anderthalb Arbeitseinheiten*** zu. Er kümmert sich sowieso um die Bullen, sind ja alles unsere Zuchttiere. Wir haben sie selber dem Kolchos übergeben – das ganze Dorf hat seine Kühe schon vorher immer zu unseren Bullen gebracht. Deshalb wurden wir nicht entkulakisiert.

* (kirg.) Ich verstehe kein Russisch.

** (kirg.) Traditioneller Kaufpreis für die Braut.

*** Von den 1930er Jahren bis 1948 erhielten Kolchosmitglieder keinen Lohn, stattdessen wurden ihnen »Arbeitseinheiten« angeschrieben, für die sie dann am Ertrag des Kolchos beteiligt werden sollten. Ab 1948 bis 1966 wurde dieses System schrittweise durch eine Entlohnung in Form von Geld abgelöst.

Wir haben auch nie fremde Arbeitskräfte beschäftigt, haben immer alles selber geschultert und alle ›Überschüsse‹ an den Kolchos abgeführt. Und kaum hatten sie ein Auge auf unseren Hof geworfen, da hat Vater das Vieh selber in den Kolchos gebracht. Deshalb haben sie uns nicht angerührt. Bleibt bei uns, wir stehen das Elend zusammen durch, Töchterchen.«

»Wir dürfen nicht zu lange bei Ihnen bleiben«, erwiderte Mama traurig. »Besser, wir lassen uns eine staatseigene Wohnung zuweisen. Im Fall des Falles würde man sonst auch Sie nicht verschonen; wer weiß, aus welcher Richtung der Wind noch wehen wird. Wir suchen uns Arbeit. Nach Kaptal-Aryk gehen wir nicht, das verspreche ich Ihnen. Ich will noch die Schulen abklappern – vielleicht wird irgendwo eine Lehrerin gebraucht, für Chemie, Biologie oder Fremdsprachen oder für Musik. Ihnen aber vielen Dank für Ihre guten Worte.«

Saweli runzelte die Stirn, und Nastja und Manja fingen an zu weinen.

9

Kant Bala – Zuckerkind

Die Arbeitssuche ging weiter. Eines Tages, als wir eine staubige schmale Straße entlangliefen, überholte uns ein kleiner Jeep. Das Auto hielt abrupt, ein Mann sprang heraus und rannte mit einem Aufschrei auf Mama zu. »Nudolskaja, du? Was machst du hier?« Der Mann war ein Bekannter von Mama aus Moskau, von der Arbeit. In der letzten Zeit vor Papas Verhaftung hatten sie sich oft getroffen. Nun arbeitete Tatschew in Kirgisien als Direktor eines staatlichen Anbau- und Verarbeitungsbetriebs für ätherische Öle, des Sowchos Efironos, genau in dem Kreis, dem wir zugewiesen waren!

Tatschew war einer der bulgarischen Kommunisten, die zusammen mit Georgi Dimitroff in die Sowjetunion emigriert waren. 1937 wurde ein Teil der bulgarischen Politemigranten verhaftet und kurz darauf erschossen; Tatschew musste Moskau verlassen und wurde als Betriebsdirektor nach Kirgisien geschickt. Viel später, Anfang 1941, als er sich vor seiner Abreise von uns verabschiedete, erzählte er Mama, Tatschew sei nicht sein richtiger Name, aber seinen richtigen Namen könne er noch nicht nennen. Wir haben ihn nie erfahren.

Tatschew verschaffte Mama eine Stelle als Agronomin auf dem oberen Abschnitt. Der Betrieb bestand aus zwei Teilen: dem zentralen Gut mit der Fabrik für ätherische Öle und dem oberen Abschnitt, den Feldern für den Anbau von Rohstoffen für die Fabrik – Minze und Salbei – und von Zuckerrüben. In Kara-Balty gab es eine Zuckerfabrik, und alle staatlichen und kollektiven Landwirtschaftsbetriebe im Umkreis, also die Sowchose und Kolchose, bauten neben ihrem Haupterzeugnis auch Zuckerrüben für diese Fabrik an.

Auf dem oberen Abschnitt lebten und arbeiteten sieben russische und ukrainische sowie dreihundert kirgisische Familien.

Mama bekam nicht nur Arbeit, sondern auch ein kleines

Zimmer, in dem ein schmales Metallbett, ein Tisch, ein Hocker und ein Ofen standen – ein richtiger Ofen mit Kochplatte. Tatschew versprach, sie so bald als möglich zum zentralen Gut zu versetzen, bis dahin solle sie ein Stück abseits ausharren.

Nastja weinte kurz, als sie von Mamas Glücksfall erfuhr, und Saweli sagte mürrisch: »Ich wollte morgen sowieso in die Gegend, ich bringe Sie hin. Von Wosnessenowka bis zum oberen Abschnitt sind's rund fünfzehn Kilometer.«

Am nächsten Morgen spannte Saweli zwei Ochsen vor ein großes Fuhrwerk, belud es mit Säcken und einer riesigen Truhe, ließ Mama und mich aufsteigen, und mit hü-hott! ging es los. Ochsen werden nicht mit den Zügeln gelenkt, sondern mit Rufen: »hü!« – nach links und »hott!« – nach rechts.

Als wir angekommen waren, schleppte Saweli wortlos die Truhe und sämtliche Säcke in das Zimmer, knurrte: »Na, macht's gut!«, und verschwand.

Es waren ein Sack Weizen, ein Sack Maiskolben und zwei Säcke Kürbisse; in der Truhe lagen Bettzeug, Kleidung für uns beide, gusseiserne Pfannen und Töpfe, Geschirr und zwei Eimer.

Von den Sachen, die wir aus Moskau mitgenommen hatten, besaßen wir zu der Zeit nur die Kleidungsstücke, die wir anhatten, und zwei »Lieblinge«: ich meine kleine Puppe Tom, Mama ein altes Taschenbuch »Russische Dichter« (herausgegeben von Pjotr Weinberg, Verlag S. Suworin, Sankt Petersburg). Diese Lieblinge waren für lange Zeit meine einzigen Freunde.

Fabrikhalle, Abteilung zur Gewinnung der ätherischen Öle aus den Pflanzen, die der Sowchos Efironos anbaute – Minze und Salbei. Kirgisien, Ende der 1930er Jahre.

Noch ehe wir ausgepackt hatten, ging die Tür auf, und eine alte Frau trat energisch ein. In ihrem braun gebrannten Gesicht mit den scharfen Falten leuchteten zwei hellgraue Augen. Sie sah sich rasch um, dann fragte sie: »Hast du einen Eimer?

Gib her.« Sie erklärte, Trinkwasser werde jeden Morgen in einer Tonne gebracht, vor Arbeitsbeginn, das Wasser aus der Lehmgrube dürfe man nicht trinken, denn dort würden das Vieh getränkt und die Pferde gewaschen, Wasser zum Wäschewaschen hole man, wenn man Seife habe, aus dem Aryk, wenn der Wasser führt, und das tue er in zwei Fällen: Wenn es
 in den Bergen regne und wenn der Schnee schmelze. Da wir eben erst angekommen seien, hätten wir natürlich kein Trinkwasser. Kurz darauf brachte sie einen halben Eimer Wasser – das würde bis zum nächsten Tag reichen. Dann verabschiedete sie sich: »Ich komme heute Abend«, und verschwand.

Das Zimmer war sauber, aber sehr feucht, offenbar hatte lange niemand darin gewohnt, und der Ofen war nicht geheizt worden. Die Wände waren frisch geweißt, die Decke war graugrün, da und dort hingen samtige kleine braune Zapfen herab.

»Oh, Mama, schau mal, was für eine Decke! Solche Zapfen hab ich schon mal gesehen … Das ist Schilfrohr! Das wächst in Dubjonki ganz viel, ein richtiger Dschungel! Ist unser Dach mit Schilf gedeckt, sieht es darum so komisch aus?«

»Ja, meine Liebe, aber dieses Schilf heißt Rohrkolben.«

»Njanja hat Schilf dazu gesagt!«

»Weißt du, viele nennen es so, aber die richtige Bezeichnung ist Rohrkolben. Richtiges Schilf ist auch sehr hohes Gras, aber es hat nicht solche aufrechten Samtkolben an der Spitze, sondern große weiße Büschel.«

»Und der Fußboden sieht ja seltsam aus …«

Der Boden war aus gestampftem Lehm und blitzsauber. Später erfuhren wir, dass ein Lehmboden nicht gewischt wird, sondern nur gefegt, und lernten, ihn aufzufrischen, das muss man mehrmals im Jahr machen. Dazu wird Lehm mit Wasser zu einem weichen Brei verarbeitet, wie dicker Schmand, in den wird Kisjak eingerührt, frischer Ziegenmist. Diese Masse wird dünn auf den Boden aufgetragen, wie Wachs auf Parkett. Wenn sie trocken ist, bleibt der Boden lange staubfrei, und man kann darauf sitzen, ohne sich die Kleidung zu beschmutzen.

Das Haus, in dem wir nun wohnten, sah recht seltsam aus: Eingeschossig, lang gestreckt, mit einem flachen Dach. An der Stirnseite führten wenige Stufen zur Haustür, vom Flur ging ein Dutzend Türen ab, eine davon war unsere. Das Haus hieß »Baracke«. Die Baracke war in zwei Bereiche geteilt, im einen lagen die Zimmer, in denen Familien wohnten, vor allem Russen und Ukrainer, im anderen befand sich ein großer leerer Raum mit zwei langen Bänken – hier fanden Versammlungen statt, er hieß »Rote Ecke«. Bei den Versammlungen saßen die Russen und Ukrainer auf den Bänken, die Kirgisen mit angezogenen Beinen auf dem Boden. Die Kirgisen saßen nicht gern auf einem Stuhl: »Ich bin kein Hund, dass ich auf dem Hintern sitze.« Im ganzen Dorf gab es nur zwei Häuser: unsere Baracke und ein Gebäude mit Ziegeldach – das Kontor. Im Kontor befand sich auch die Wohnung des Abschnittsverwalters. In einigem Abstand davon standen zahlreiche Jurten, darin wohnten Kirgisen – einer der kirgisischen Nomadenstämme, die sesshaft gemacht worden waren. Ihr Brigadier war das ehemalige Stammesoberhaupt Sossonbai.

Nachdem sich Mama ein wenig umgesehen hatte, ging sie gleich ins Kontor. Ich dürfe raus, mich aber auf keinen Fall weit entfernen und nicht zu ihr ins Kontor laufen. Sie werde am Abend wiederkommen, nach der Arbeit. Ich solle keine Angst haben, alles Schlimme sei vorbei.

Die Baracke hatte ich schon besichtigt, also ging ich hinaus. Der Anblick war beeindruckend: rote Steppe, flach wie eine Hand, mitten darin zwei Häuser, eine Handvoll Jurten und im Süden, ganz nah, die Berge. Sie waren sehr hoch und sahen wild aus mit ihren schneebedeckten Gipfeln und den dunkelblauen und graubraunen steilen Hängen. Die Farbe der Hänge wechselte je nach Sonnenstand und natürlich nach Jahreszeit. Und kein einziger Baum. Nur entlang des Aryks, der die Steppe von Süden, von den Bergen, nach Norden, zum zentralen Gut, durchschnitt, standen Pyramidenpappeln.

Straßen in unserem Sinn gibt es in der Steppe nicht – man kann fahren, wohin man will. Nur die seltenen Autos hielten sich strikt links vom Aryk – das war der kürzeste Weg. Und nirgendwo ein Mensch, kein einziger.

»Ich habe vor nichts Angst. Ich fürchte mich nicht. Ich habe keine Angst«, redete ich mir selbst zu.

Ich hatte keine Angst, doch seltsamerweise fröstelte ich am Rücken und verspürte ein heftiges Kribbeln im Bauch.

Langsam ging ich zu den Jurten. Plötzlich war ich umringt von einer Kinderschar – alle waren dunkelhäutig, hatten schmale Augen, schwarze Haare und machten großen Lärm. Sie riefen laut etwas, zeigten mit dem Finger auf mich und packten mich am Kleid. »Kys, kys balá, kys balá«, verstand ich schließlich.

Sie hänseln mich. (Woher sollte ich wissen, dass das auf Kirgisisch nichts weiter hieß als »Mädchen, kleines Mädchen«?) Meine Augen fingen an zu brennen. Aber ich durfte nicht weinen – vielleicht musste ich mich ja prügeln? (»Bei einer Prügelei verliert immer der, der als Erster anfängt zu weinen«, hatte Papa gesagt.) Ich ballte die Fäuste und holte tief Luft. Da plötzlich – eine kehlige Stimme. Die Kinder stoben auseinander. Neben mir, auf einem fuchsroten Pferd, ein Mann. Ein Kirgise. Ein Kirgise, der auf sich hält, geht nie zu Fuß, er reitet.

Er lächelte. »Ak balá, kant balá.« (»Weißes Kind, Zuckerkind.«) Er hob mich hoch, setzte mich vor sich, brachte mich bis zum Kontor, etwa vierzig Schritte weit, stellte mich auf den Boden und ritt zu den Jurten.

So kam ich durch ihn zu meinem Spitznamen, seitdem nannten mich die Kirgisen »Kant Balá«, Zuckerkind.

Die Sonne stand schon ziemlich tief. Die Berge färbten sich dunkelviolett, und Mama war noch immer nicht zurück.

Menschen gingen in die Baracke; eine Kuhherde wurde heimgetrieben; Frauen mit Eimern liefen irgendwohin. Aus der Steppe kamen mehrere Entenscharen, watschelten an unserem Haus vorbei, bogen um die Ecke und verschwanden aus meinem Blickfeld.

Alle waren beschäftigt. Doch Mama war noch immer nicht zurück.

Der Kirgise, den ich schon kannte, ritt zum Kontor, winkte mir zu – »Kant balá!« – und ging hinein.

Vielleicht sollte ich ihm doch folgen und Mama suchen?

Aus der Baracke kam ein sehr schöner Mann: Ein Lächeln übers ganze Gesicht, tiefblaue Augen.

»Guten Tag, ich heiße Krawtschenko. Wartest du auf deine Mama? Sie kommt nach dem Abenddienst. Geh so lange nach Hause. Ich sage ihr, dass du dort auf sie wartest.« Dann ging er ins Kontor.

Aus den Schornsteinen im Haus stieg Rauch. Ich öffnete die Barackentür. Aus den Zimmern drangen Stimmen, die meisten Türen standen halb offen, es duftete nach Essen. Ich hatte großen Hunger. Wir hatten am Morgen bei Saweli gefrühstückt und seitdem nichts mehr gegessen. Mit gesenktem Kopf, ohne nach links und rechts zu blicken, schlich ich in unser Zimmer. Auf dem Tisch lagen, in ein Tuch eingewickelt, zwei Fladen, die wir am Morgen mitgebracht hatten.

Als Mama zur Arbeit aufbrach, hatte sie gesagt, einen davon würden wir heute Abend essen. Ich schlug das Tuch ein Stück zurück, roch an einem Fladen und leckte daran. Ich hätte schrecklich gern abgebissen.

Doch ich genierte mich, das gemeinsame Essen allein zu verzehren. Ich schaute in den Sack mit den Maiskolben. Davon abzubeißen oder Körner abzupulen war unmöglich – sie waren zu hart.

Aber wir hatten ja auch Kürbisse. Saftig und köstlich! Ich öffnete einen anderen Sack. Da lagen sie. Groß und dick, bestimmt schmeckten sie gut. Nur schaffte ich es nicht, einen Kürbis aus dem Sack zu nehmen, sie waren sehr schwer. Ich öffnete den Sack möglichst weit und wollte meine Zähne in den gelben Kürbis schlagen. Sie rutschten ab. Ich musste den Mund bestimmt noch weiter aufmachen, dann würde es gehen. Oje! Ich konnte nicht hineinbeißen, meine Zähne glitten an der Schale ab und hinterließen kaum sichtbare Spuren.

Ich hörte nicht, wie Mama hereinkam; ich lag auf dem Kürbis und versuchte hineinzubeißen.

»O Gott. O mein Gott. Mein lieber kleiner Mensch, mein armes hungriges kleines Mäuschen«, hörte ich es säuseln.

Neben mir stand Mama. Da war sie – meine Mama. Sie war gekommen, sie war zu Hause, niemand hatte sie fortgebracht! Ich hatte meine Mama noch, meine wunderbare Mama!

»Mamotschka!«, rief ich, umschlang sie mit beiden Armen und würgte an Tränen. »Ich hatte keine Angst, aber alle haben mich kys balá geschimpft, ich hab die Fladen nicht gegessen, nur ein bisschen dran geleckt, und vom Kürbis kann ich nicht abbeißen. Ich habe nicht geweint … ich bin kein Feigling … und ich beklage mich nicht … Nein …«

Mama legte mir eine Hand auf den Kopf, streichelte mir sanft den Rücken und lächelte.

»Na, das ist schön. Gleich lassen wir uns was einfallen.« Ihre Stimme klang ruhig. Mama lächelte, wie immer, doch ihre Lippen zitterten. »Weißt du, hier gibt es keine Läden, der nächste ist in Kara-Balty, wir können hier also nirgends etwas zu essen kaufen. Auch zum Heizen für den Ofen haben wir noch nichts, aber wir haben zwei ganze Fladen, und gleich schneide ich diesen Kürbis auf, hilf mir mal, ihn rauszuziehen. Na, was ist? Mäuschen, piep einmal!«

»Piep, piep!«

»Tief Luft holen, einatmen, durchhalten. Alles ist gut.«

»Seid gegrüßt in eurer Hütte! Wir sind die Kupranows.« Damit kam unsere Bekannte vom Vormittag, die sich als Fedossja Grigorjewna vorstellte, zusammen mit ihren Söhnen, ihrer Tochter und ihren Schwiegertöchtern ins Zimmer.

»Einen Augenblick.«

Rasch und fast lautlos waren die Säcke an die Wand neben dem Ofen verfrachtet, einige Nägel in die Wand geschlagen, ein weißer Vorhang vors Fenster gehängt, aus zwei Stricken, einem Brett und Nägeln ein Regal gezimmert, die Truhe darunter gerückt und eine Bank an den Tisch gestellt.

Fedossja Grigorjewna zeigte auf die jüngste Frau und sagte: »Bis du dich eingelebt hast, wird dir Uljascha helfen. Sie kommt immer mittags nach Hause und wird nach dem Kind sehen. Hab keine Angst vor uns, wir sind hier alle gleich gebrandmarkt.«

Nacheinander erschienen noch die Pilipenkos, die Krawtschenkos und alle Übrigen. Offenbar hatte die ganze Baracke mein verzweifeltes Weinen gehört. Nun erfuhr ich auch, dass die kirgisischen Kinder mich gar nicht beschimpft hatten – sie hatten einfach noch nie ein Mädchen mit so hellen Haaren gesehen. Als Uljascha als Letzte unser Zimmer wieder verließ, war es warm (irgendwer hatte den Ofen geheizt) und hell (irgendwer hatte eine Petroleumlampe mitgebracht).

»Ruht euch aus. Das Geschirr behaltet nur, ihr könnt es gebrauchen.«

Auf dem Tisch standen eine große Tonschüssel mit dampfender Nudelsuppe, eine Schüssel mit heißer Mamalyga – einem wohlschmeckenden Maisbrei –, ein Krug Milch, ein

Schälchen Salz, ein Schälchen Sirup, ein Sieb voll Eier und ein Laib Brot. Auf der Truhe lag ein sauberes Leintuch, in der Ecke standen ein Besen und ein Schüreisen. Wer wann was gebracht hatte, war uns entgangen, und wir erfuhren es nie.

»Ist doch nicht der Rede wert«, antworteten unsere Nachbarn, wenn wir danach fragten.

Das Leben verlief nun ruhig. Mama ging früh aus dem Haus und kam spät zurück. Wir mussten uns beide viel Neues aneignen: Mama lernte mit einem Pferd umgehen (zu Fuß konnte sie als Agronomin unmöglich alle Felder besuchen), ich lernte Kisjak und Steppengras zum Heizen sammeln, Maiskolben entkernen und sogar mit der Handmühle Mehl daraus mahlen, obwohl ich die Kurbel nur mit Mühe drehen konnte.

Zusammen lernten wir den Ofen heizen, Mamalyga kochen, Kirgisisch und Ukrainisch sprechen. Mama sagte, es sei peinlich, wenn man die Sprache des Volkes nicht kenne, bei dem man lebt. Wer dessen Sprache nicht lernen wolle, sei hochmütig. Das leuchtete mir ein, und hochmütig wollte ich auf keinen Fall sein. Abends tauschten wir aus, was wir am Tag dazugelernt hatten, Mama von den Erwachsenen, ich von meinen neuen kirgisischen Freunden, mit denen ich ritt (ein Pferd gab es in jeder Jurte), Aschyk* spielte oder einfach durch die Gegend tollte.

Schwer zu sagen, was besser schmeckte, der kirgisische Kaimak** oder der ukrainische Warenez***, mit denen wir überall bewirtet wurden.

Wieder lasen wir jeden Abend ein Gedicht aus dem kleinen Buch, und Mama erzählte mir eine Geschichte dazu.

* Vor allem in Asien verbreitetes Geschicklichkeitsspiel mit Schafknöcheln, »Knöchelschießen« (Anm. d. Übers.).

** Aus erhitzter Milch gewonnene Schichtsahne.

*** Im Ofen erhitzte Dickmilch.

10

Das große Vorlesen

Es ergab sich irgendwie von selbst, dass Uljascha abends bei uns blieb und Mamas Geschichten lauschte. Mama las mir immer etwas aus ihrem Gedichtband vor und erzählte mir dann alles, was sie wusste und was irgendwie mit dem Vorgelesenen zu tun hatte.

An diesen Abenden hörten wir zum Beispiel eine Menge Gedichte, Lieder und Geschichten über das Jahr 1812.

Manchmal lasen wir an einem Gedicht mehrere Tage. Für die 72 Zeilen des Poems »Der eherne Reiter« über die Stadt Sankt Petersburg brauchten wir eine Woche. Mama erzählte von Peter dem Großen, von seiner Flotte, vom Krieg gegen die Schweden und von berühmten Architekten. Was sie konnte, illustrierte sie mit Zeichnungen.

Bis heute erinnere ich mich gern an Puschkins Gedicht »Der Feldherr«. Viele Abende lauschte ich mit angehaltenem Atem der Geschichte vom Bau des Winterpalais, der Eremitage, der Geschichte von der größten Gemäldegalerie der Welt und davon, was es dort alles zu sehen gab. Von der Großen Französischen Revolution, die mit einer Monarchie endete – der Herrschaft von Kaiser Napoleon I. (Vielleicht ist das eine Gesetzmäßigkeit jeder Revolution?). Von seinen Kriegen, vom Überfall Frankreichs auf Russland, den in Russland niemand für möglich gehalten hatte, weil schließlich der gesamte Zarenhof Französisch sprach. Von den Feldherren Bagration, Rajewski und Denis Dawydow, von Kutusow, von der Schlacht bei Borodino, vom Brand Moskaus und vom ruhmlosen Untergang der Napoleonischen Armee im russischen Schnee beim Rückzug, von der Einnahme der Stadt Paris und vom Ursprung des Wortes Bistro – einer Erinnerung an jene ferne Zeit.

Ich erfuhr vom Architekten Carlo Rossi, der einige Säle des Winterpalais umbaute und eine Galerie des Jahres 1812 einrichtete, in der Porträts aller Helden des Vaterländischen Krieges hingen, geschaffen vom englischen Maler George Dawe.

Und vom Aufstand der Dekabristen, davon, dass die Porträts der verurteilten Dekabristen, die zu den Helden von 1812 gehörten, abgenommen wurden und dass dort bis heute leere Stellen gähnen, weil die Porträts vernichtet wurden.

Und von einem Mann, dessen Porträt dort hängt – von Michail Barclay de Tolly, einem begabten russischen Feldherrn schottischer Abstammung mit französischem Namen, einem Mann mit tragischem Schicksal. Er war kein Söldner – das Geschlecht der Barclays lebte schon rund 200 Jahre in Russland – und liebte seine Heimat Russland genauso wie der Georgier Pjotr Bagration oder der Russe Denis Dawydow. Ich erfuhr, dass es im Juni 1812 nur eine einzige Möglichkeit gegeben hatte, die Armee zu bewahren und die Kräfte für den nächsten Schlag zu sammeln: den geordneten Rückzug. Doch es tat den Menschen im Land weh, dass sich ihre Armee zurückzog, und viele hielten General Barclay de Tolly deshalb für einen Feigling und Verräter, zumal sein Name nicht russisch klang. Der Zar löste Barclay ab und ernannte statt seiner den großen Feldherrn Michail Kutusow. Als Kutusow die Befehlsgewalt von de Tolly übernahm, dankte er diesem für seine richtige Entscheidung und bat ihn, die dummen Gerüchte nicht übel zu nehmen.

»Und bis heute«, sagte Mama, »bewundern wir Kutusow,

der den Rückzug geleitet und Moskau aufgegeben hat, um die Armee zu retten und anschließend Napoleon zu schlagen, und vergessen dabei Barclay de Tolly. Das nennt man ›historische Ungerechtigkeit‹.«

Viel später, als wir aufgefordert wurden, in den Geschichtsbüchern die Porträts von Wassili Blücher und Alexander Tuchatschewski mit Tinte zu übermalen, dachte ich an Barclay de Tolly.

Indessen kam der Winter. Für uns Kinder begannen die langen dunklen Abende, an denen wir nicht mehr draußen spielen konnten. Eines Tages brachte Mama von der Arbeit ein Buch mit: Gogols »Abende auf dem Weiler bei Dikanka«. Der Chefagronom hatte es für eine Weile irgendwo ausgeliehen, und schließlich waren wir an der Reihe, es zu lesen.

Kaum hatte Mama begonnen, mir »Der Jahrmarkt in Sorotschinzy« vorzulesen, da ging Uljascha leise kurz hinaus. Als Mama weiterlas, war unser winziges Zimmer voller Zuhörer. Bald passten nicht mehr alle hinein, einige standen an der offenen Tür.

Mama hatte knapp die Hälfte vorgelesen, da war für mich Schlafenszeit. Am nächsten Morgen sprachen alle nur von Gogol und von Chiwrja.

In unserem Haus lebten sieben vier- bis sechsköpfige Familien, und natürlich konnten sich nicht alle vor unserer Tür versammeln. Außerdem gab es ja auch anderes zu tun, besonders nach der Arbeit. Freizeit hatten alle erst gegen neun oder zehn Uhr abends. Also wurde entschieden: Um halb zehn versammeln sich alle in der Roten Ecke, abwechselnd bringt jeder mal eine Lampe mit, um den Petroleumverbrauch gerecht zu verteilen, und Mama liest allen Versammelten Gogol vor. Alle, wirklich alle wollten zuhören, selbst die alten Frauen.

Wie mir Mama später erklärte, lag das nicht nur am spannenden Lesestoff, sondern auch daran, dass die meisten unserer Nachbarn aus der Ukraine stammten. In der Zeit der Kollektivierung waren sie als Entkulakisierte in Kirgisien gelandet. Das bedeutete der Satz: »Hab keine Angst vor uns, wir sind hier alle gleich gebrandmarkt.« Ein Teil unserer Nachbarn war 1929 direkt aus der Ukraine hergekommen (»Wir sind Ukrainer«, sagten sie von sich), ein Teil gehörte zu den Stolypin'schen Umsiedlern, die noch vor der Revolution ihre Heimat verlassen hatten, um sich in neuen Gebieten niederzulassen (»Wir sind Chochly*«, sagten sie), doch auch ihnen hatte man alles weggenommen und sie hierher verbannt.

So begann das große Vorlesen. Am ersten Abend kamen alle Russen und Ukrainer, am nächsten auch einige Kirgisen, am übernächsten gesellten sich sämtliche kirgisischen Männer dazu.

Mama fing mit dem Vorlesen noch einmal von vorn an, sie las einen Satz auf Russisch, und der Traktorist Krawtschenko übersetzte ihn ins Kirgisische. Gemeinsam erschraken die Zuhörer, hielten den Atem an oder lachten laut – jeweils mit einer Verzögerung für die Übersetzung. Gelacht wurde immer zweimal: Erst lachten die Kirgisen zusammen mit den Russen, dann, nachdem Krawtschenko übersetzt hatte, lachten die Russen noch einmal mit den Kirgisen. In diesem Winter las Mama zuerst Gogol vor, dann Puschkins Poem »Poltawa«.

Am Ende des Winters besuchte ein Manastschi die Kirgisen.

Das kirgisische Nationalepos »Manas« ist eine Sammlung von Geschichten über den Helden Manas. Sie wurden mündlich verbreitet, denn eine Schriftsprache besaßen die Kirgisen lange nicht. Ein Manastschi war jemand, der das Epos auswendig kannte und es im Sprechgesang mit einer einfachen Melodie vortrug. Wieder gab es gemeinsames Erschrecken, gemeinsame Freude und Traurigkeit.

Aber was tat ich, während Mama für alle vorlas?

* (russ.) Plural von Chochol – abfällige Bezeichnung für die Ukrainer; bezieht sich auf den traditionellen Haarschopf (russ. Chochol, ukr. Tschub) der ukrainischen Kosaken (Anm. d. Übers.).

Es war so: Damit Mama mehr Zeit zum Vorlesen hatte, nahmen ihr die Nachbarn einen Teil der Hausarbeit ab. Wer als Erster von der Arbeit kam, schaute zuerst bei mir vorbei, heizte den Ofen und setzte den Teekessel auf. Ab und zu legte jemand Heizmaterial nach, denn ich durfte die Ofentür noch nicht öffnen. Wenn Mama länger im Kontor blieb, kochte meist Uljascha die Mamalyga, so dass das Abendessen meist schon fertig war, wenn Mama nach Hause kam. Wir aßen heiße Mamalyga und tranken Tee mit Milch dazu. Einen köstlichen Tee aus Kirschblättern. Die Blätter werden im Herbst gesammelt, wenn sie sich röten, dann getrocknet und wie Tee aufgebrüht. Mit Milch schmeckt er sehr gut.

Während die anderen mit ihrer Hausarbeit beschäftigt waren, las Mama mir und Uljascha vor, danach ging sie allen anderen vorlesen. Uljascha brachte mich ins Bett und blieb

Stella mit Uljascha (links) und ihrer Mama, 7. November 1938.
Stella hält ein rotes Fähnchen in der Hand – offenbar von der Demonstration zum Jahrestag der Oktoberrevolution. Laut Stellas Erinnerungen ist Uljascha auf diesem Foto höchstens 25 Jahre alt.

bei mir, bis Mama nach zwei Stunden wiederkam. Das waren schöne Abende für Uljascha und mich. Erstens ging das Vorlesen bei uns viel schneller als bei den anderen. Wir lächelten geheimnisvoll und verrieten niemandem, wie es weiterging. Darauf waren wir sehr stolz, besonders Uljascha. Zweitens tauschten Uljascha und ich uns über das Vorgelesene aus: Wie

er … und wie sie ihm … und wie sie … Wir spielten sogar die »Mainacht« und andere Geschichten nach, zumal Mama uns beim Vorlesen auch Arien aus den Opern nach diesen Erzählungen vorsang. Drittens sang mir Uljascha wunderschöne ukrainische Lieder vor und übte mit mir den zweistimmigen Gesang der Ukrainer. Erst war das schwer, ich kam dauernd durcheinander. Doch schließlich schaffte ich es! Ich brachte Uljascha Lermontows Wiegenlied bei und »Stiller Abend«, und wir sangen sie zweistimmig, ich die erste Stimme (»Deine Stimme ist noch schwach.«), sie die zweite.

Nebenbei erfuhr ich, dass Uljascha nie die Schule besucht hatte und nicht lesen konnte. Sie kannte einige Buchstaben, konnte sie aber nicht zu Wörtern zusammenfügen. Unterschreiben musste sie in Druckbuchstaben, »sonst kriege ich meinen Lohn nicht ausgezahlt«. Ich brachte Uljascha lesen bei. Die Buchstaben lernte sie sehr schnell, dann sangen wir Wörter. Ich bat Mama, den Text von »Stiller Abend« in Druckbuchstaben auf ein Blatt Papier zu schreiben, und nach dieser »Fibel« lernte Uljascha recht schnell lesen.

Irgendwann trennte Uljascha unseren Rucksack auf und wusch ihn mit Seifenlauge – es war ein schönes Stück festes Leinen. Während wir miteinander redeten und sangen, bestickte sie es mit Kornblumen. Die blauen Kornblumen sahen wunderschön aus auf dem hellgrauen Stoff, und daraus wurde ein sehr hübsches Kleid für mich.

Außerdem fanden sich bei Uljascha noch ein großes und einige kleine Stücke von einem weißen Stoff, ähnlich wie

Mull, aber sehr fest. An den kleinen Resten ließ mich Uljascha Hohlsäume und Kreuzstickerei üben. Während ich das alles lernte, bestickte Uljascha das große Stück mit Rosen und nähte mir daraus eine richtige ukrainische Bluse, genau wie ihre!

Ich war überglücklich.

»Die ziehst du Weihnachten an«, sagte Uljascha, »wenn wir zum Sternsingen gehen.«

Dann brachte sie mir Lieder für das Sternsingen bei, mit denen man den Hausherren Glück wünscht.

Mit Mamas Hilfe bastelten wir einen Weihnachtsstern. An den Feiertagen gingen Uljascha und ich durch alle Zimmer.

Mit besonderer Freude sang ich, wenn ich in meiner ukrainischen Bluse vor einer Tür stand:

»Eins, zwei, drei,
Gebt Fladen und ein Ei,
Auch Grütze oder Brei,
Das ist ganz einerlei.«

Wir bekamen viele Fladen und manch andere Leckereien.

Dann wurde die Eingangstür der Baracke fest verschlossen und mit Sackleinen verhängt, damit es nicht zog, Tische und Stühle wurden aus den Zimmern in den Flur geschleppt und alle Vorhänge zugezogen, damit niemand von draußen sah, was im Haus geschah, und alle setzten sich an eine große Tafel und feierten Weihnachten. Wir aßen »ukrainischen Beschbarmak« (eigentlich ist Beschbarmak ein kasachisches Gericht mit Nudeln, doch bei uns in der Baracke wurde eine dicke Suppe aus Hammelfleisch mit Mehlklößchen so genannt), Mamalyga mit Rübensirup (Zucker besaß niemand, doch hin und wieder ergatterte jemand süße Abfälle aus der Zuckerproduktion) und warme Piroggen.

Außerdem gab es ein Kulturprogramm. Mama sang einige

feierliche Weihnachtslieder, Uljascha und ich beteiligten uns mit dem Lied vom stillen Abend, dann nahm Uljascha Mamas Gedichtband und las (allein!) sehr ausdrucksvoll Alexej K. Tolstois Gedicht »Ilja Muromez« und Nikolai Ogarjows »Nachtwächter« vor. Uljascha bekam viel Beifall, und als sie erklärte, sie habe eine sehr gute Lehrerin, bekam auch ich Beifall.

Fedossja Grigorjewna sagte, ich sei ein so »kluges Kind« und überhaupt ein »hübsches Mädchen«, aber ich könne »noch nicht Strümpfe stricken«.

Uljascha versprach, es mir beizubringen. Die Krawtschenkos schenkten mir fünf Stricknadeln und die Pilipenkos zwei Wollknäuel, ein weißes und ein schwarzes.

Doch in diesem Winter lernte ich nicht mehr stricken.

II

Dünnes Eis

In der kirgisischen Steppe fällt im Winter fast nie Schnee, aber es wird oft eisig kalt. Mitte Januar gab es strengen Frost, und das Wasser in der Grube, die durch die Lehmgewinnung entstanden war, fror zu, erst nur an den Rändern, dann auch in der Mitte.

Die Grube war zwei Kilometer von unserem Wohnort entfernt, auf halber Strecke zwischen der oberen Siedlung und dem Pferdestall des zentralen Guts. Als die Grube vereist war, sammelten sich dort die Kinder aus dem zentralen Gut, und natürlich zog es auch uns Jüngere aus der oberen Siedlung dorthin.

Wir gingen los, ein kleiner Haufen, angeführt vom Anstifter aller unserer Streiche, einem Jungen, der etwas älter war als ich und den seltsamen Namen Sapkos trug – so sprechen die Kirgisen das Wort Sowchos aus. Ja, so hatten die Sossonbajews ihren Sohn genannt. Ende der zwanziger und zu Beginn der dreißiger Jahre entstanden viele neue Namen, die von den Namen der Revolutionsführer abgeleitet waren (Lenína, Stalína, Wladlén), von den Anfangsbuchstaben politischer Losungen (Rem – Revoljuzija, Elektrifikazija, Mir – Frieden) oder die Ziele der Eltern ausdrückten (Artaka – artillerijskaja akademija, Sapkos – Sowchos).

Sapkos sprach als Einziger der kirgisischen Kinder gut Russisch, und weil sein Vater Stammesoberhaupt war, wurde er von allen mit dem entsprechenden Respekt behandelt. In unserer oberen Siedlung lebten keine Schulkinder. Eine Schule gab es nur auf dem zentralen Gut, fünf Kilometer vom oberen Abschnitt entfernt, und wenn ein Kind mit acht Jahren ins Schulalter kam, wurde die Familie zum zentralen Gut versetzt. In der Schule mussten alle mehr oder weniger Russisch können, denn unterrichtet wurde auf Russisch. Unser kleiner

Haufen war zwischen sechs und sieben Jahren alt, und meine kirgisischen Freunde sprachen nur recht mäßig Russisch.

Bei der zugefrorenen Grube hatten sich an diesem Tag schon an die zwanzig Kinder versammelt – alle deutlich älter als wir, eindeutig Schulkinder. Eine Zeit lang standen wir uns gegenüber – wir fünf »oberen« Sechsjährigen und die zwei Dutzend »zentralen« zwischen acht und zwölf.

»Prima, die können das ausprobieren!«, rief einer der großen Jungen. »Kommt her!«

Wir traten näher.

»He du, du bist am leichtesten, kannst du eislaufen?« Er meinte mich.

»Ja, aber ich habe keine Schlittschuhe. Früher hatte ich welche, aber jetzt nicht mehr.«

»Wir haben alle keine. Wir schlittern einfach so. Kannst du das?«

»Ich weiß nicht, mal versuchen.«

Ich ging hinunter auf das Eis, stieß mich ab und schlitterte. Das ging sogar besser als mit Schlittschuhen!

»Hüpf mal – knackt das Eis?«

»Nein.«

»Biegt es sich?«

»Nein.«

»Los, Kinder! Aber nicht so weit weg vom Ufer, sonst brechen wir ein.«

Lärmend und kreischend stürmten alle aufs Eis, und es entstand eine kleine, aber fröhliche Balgerei, die sich rasch auflöste. Alle schlitterten im Kreis, das machte großen Spaß. Im Eifer entfernte ich mich weiter vom Ufer. Dort war mehr Platz, und das Eis war glatter. Einige kleinere Kinder schlossen sich mir an. Das Eis knackte nicht, bog sich aber leicht. Wir glitten darüber und schrien lauthals: »Soll das Eis sich biegen, wir werden drüber fliegen!« Plötzlich, ohne jegliches Knacken, brach das Eis unter mir ein, und ich tauchte vollständig unter. Ich schluckte Wasser, kam aber wieder hoch. Das Wasser ging mir nur bis zum Kinn, ich konnte also nicht ertrinken, doch es war eiskalt und schmeckte scheußlich.

Die älteren Jungen reagierten schnell: Sie schoben einen Riemen übers Eis, daran sollte ich mich festhalten und dann bei »drei« so hoch springen, wie ich konnte.

»Du springst hoch, und wir ziehen dich raus. Aber halt dich gut fest.«

So zogen sie mich raus, wenn auch nicht gleich beim ersten Versuch.

»Lauf nach Hause, so schnell du kannst. Du musst die ganze Zeit laufen, bleib nicht stehen, sonst erkältest du dich.«

Also rannte ich los. Zwei Kilometer. Die anderen schlitterten weiter.

Wohin läuft jemand, wenn er völlig durchnässt ist, wenn seine Schuhe quietschen, wenn die klatschnasse Kleidung widerlich am Körper klebt und es aus dem Mantel regnet? Wohin würdet ihr laufen? Eben, dahin lief auch ich – zu Mama.

Ohne anzuklopfen, stürmte ich ins Kontor. Mama war nicht im großen Büro. Verwirrt blieb ich stehen, und sofort bildete sich unter meinem Mantel eine Pfütze – es tropfte heftig auf den Boden.

»Was machst du hier?«, schrie mich jemand streng an.

Ach ja, Kinder dürfen das Kontor nicht betreten, fuhr es mir durch den Kopf, doch ich konnte mich nicht von der Stelle rühren.

»Was willst du hier? Deine Mama hat zu tun.«

»Ich … ich … Ich bin ganz nass.«

Der Verwalter wurde blass.

»In der Grube? Wer noch?«

»Nur ich. Sie schlittern dort.«

»Drei Mann zur Grube. Im Galopp!«, rief der Verwalter nach draußen. »Nehmt Seile mit, falls was ist – alle verprügeln. Nudolskaja nach Hause schicken!«

Er warf seine Jacke ab, wickelte mich bis über die Ohren darin ein, nahm mich auf die Arme und rannte hinaus. Er öffnete die Tür zu seiner Wohnung (sie befand sich im selben Haus wie das Kontor, nur auf der anderen Seite), rief etwas nach drinnen und rannte weiter, zu unserer Baracke.

Bis Mama mit dem Schlüssel kam, tropfte ziemlich viel aus dem Bündel. Der Verwalter stellte Mamas nassen Schatz mitten ins Zimmer, wickelte mich aus seiner Jacke und verschwand rasch. Mama stöhnte.

»Halb so schlimm!«, wiederholte ich Mamas Lieblingsausspruch. »Das Eis ist gebrochen, aber ich bin nicht ertrunken, das Wasser geht mir nur bis zum Kinn«, beruhigte ich Mama zähneklappernd.

Mama hatte mir noch nicht alles Nasse ausgezogen, als Nina Kusminitschna hereinkam, die Frau des Verwalters, und zum Ofen stürzte, anheizen. Vierhändig rieben sie mich mit einer stinkenden Flüssigkeit ab, die Wodka hieß, dann mit Terpentin – das roch ganz angenehm. Sie flößten mir heißen Tee ein, sagten, ich solle still unter der Decke liegen bleiben, und gingen wieder – Nina Kusminitschna nach Hause, Mama ins Kontor.

Damals musste eine Mutter, wenn ihr Kind krank war, trotzdem arbeiten gehen. Nur zwei Gründe rechtfertigten ein Fehlen: die Krankheit des Arbeiters selbst (mit ärztlichem Attest!) oder sein Tod. Denn unser Land (so hieß es im Radio, in der Schule und auf den Versammlungen in der Roten Ecke), umgeben von lauter Feinden, setzte einen jahrhundertealten Traum der Menschheit in die Tat um – den Aufbau des Sozialismus. Deshalb musste jeder arbeiten, egal, was geschah. Alles, was das behinderte, hieß Sabotage und Schädigung der Volkswirtschaft und wurde bestraft, und zwar sehr streng. Wenn man fünfzehn Minuten zu spät zur Arbeit kam, konnte man ins Gefängnis oder ins Lager gesperrt werden, um sich durch die Arbeit dort die Vergebung der Gesellschaft zu verdienen. Vermutlich war der Verwalter darum so erschrocken: Wenn Kinder ertrunken wären, würde man die Verwaltung wegen Schädigung der Volkswirtschaft anklagen.

Zum Glück ging alles gut aus. Nur ich war tropfnass geworden und hatte so viel schmutziges Wasser geschluckt, dass es in meinem Bauch gluckerte. Ich erfuhr, dass alle anderen eigenmächtigen Eisläufer zu Hause Prügel bezogen. Ich hatte also doppelt Glück. Ich wurde nicht verprügelt, sondern nur kräftig abgerieben.

Einige Tage lang hatte ich Husten und Schnupfen. Das Fieber ging rasch zurück, ich freute mich schon darauf, endlich wieder nach draußen zu dürfen. Ein Zeitvertreib würde Sapkos und mir schon einfallen.

An alles, was dann geschah, erinnere ich mich nicht, das weiß ich nur von Mama.

Am neunten oder zehnten Tag nachdem ich Wasser aus der Grube geschluckt hatte, meinte Mama, nun sei ich wieder ganz gesund, doch da wurde ich erneut krank. Zwei Tage lang lag meine Temperatur bei 37,3, ich war schlapp, jammerte und quengelte. Dann stieg die Temperatur langsam, aber stetig, immer höher. Erst auf über 38, dann auf über 39. Drei Tage lang hielt sie sich bei 40 Grad, ich phantasierte schon, und das Fieber stieg erneut – 40,5, 41, 41,3 –, dabei blieb es.

Mama war völlig verzweifelt: Im ganzen Bezirk gab es keinen einzigen Kinderarzt, nicht einmal einen Feldscher für Erwachsene! In Kara-Balty wurden gerade erst zwei Krankenhäuser gebaut, eins für Erwachsene, eins für Kinder. Einstweilen wurden in der Poliklinik von Kara-Balty nur Erwachsene behandelt. Mama konnte nichts tun als warten.

Jede Nacht saß sie bei mir, morgens ging sie zur Arbeit. Sie war für die Entwicklung eines schwierigen Projekts verantwortlich. Der Termin drängte, der Direktor und der Chefagronom des Sowchos sollten bald nach Frunse fahren und das Projekt verteidigen. Arbeit mit nach Hause zu nehmen war verboten … Mama ließ also ihre schwer kranke Tochter allein und ging jeden Morgen ins Kontor. Ihren Arbeitsplatz durfte sie nur verlassen, um zur Toilette zu gehen – bei jedem Gang dorthin schaute sie in unserem Zimmer vorbei und sah nach mir. Auch in der Mittagspause kam sie, maß Fieber und versuchte, mir etwas zu trinken einzuflößen.

Sie hatte aus dem Kontor zwei Stühle mit nach Hause nehmen dürfen, die stellte sie tagsüber neben mein Bett, damit ich nicht hinausfallen und die Decke nicht abwerfen konnte.

Über eine Woche lag ich im Fieberdelirium, Mama konnte mich nicht füttern, ich schluckte mit Mühe ein paar Löffel Dörrobstsud. Das Fieber lag schon den dritten Tag bei 41,3, und Mama rechnete jeden Tag voller Angst damit, dass es weiter steigen könnte. Am Morgen kam der Chefagronom Poligowoi und wollte von Mama etwas Dienstliches wissen. Mama verstand nicht gleich, wonach er fragte.

»Den dritten Tag 41,3«, sagte sie, »sie deliriert schon seit einer Woche.«

Poligowoi ging wortlos hinaus und fuhr zum zentralen Gut.

Am Abend erschien bei uns ein Arzt, der aussah wie Doktor Tschechow, nur sehr alt. Er hatte fast sein ganzes Leben in Zentralasien verbracht und kannte sich aus, praktizierte aber nicht mehr, half nur hin und wieder in besonders schwierigen Fällen noch in der Poliklinik von Kara-Balty.

»Guten Tag, ich bin Doktor K.«, stellte er sich vor.

Seinen Namen kannte hier jeder. Mama hatte sogar von Kirgisen schon oft gehört: »Früher gab es hier den Doktor K.«

»Warum und wie ist sie krank geworden? Messen Sie ihr Fieber und erzählen Sie.«

Er zog seinen Mantel aus und hängte ihn an einen Nagel, nahm einen schneeweißen, steif gestärkten Kittel aus seiner Arzttasche, hängte ihn über eine Stuhllehne, rückte den Stuhl an den geheizten Ofen, wusch sich die Hände und wärmte sie lange über der Herdplatte.

Er blickte Mama unter seinen buschigen Augenbrauen hervor an und knurrte: »Die lieben Mamas stürzen sich wie eine Glucke gleich von der Tür aus auf das Kind und gackern. Eine Mutter muss eine Welle von Wärme für ihr krankes Kind ausströmen. Simple Wärme, nicht nur seelische. Wärmen Sie sich erst gut auf, dann treten Sie mit einem Lächeln zu Ihrem Kind – das ist auch Medizin.«

Mama erinnerte sich, wie Fedossja Grigorjewna die schluchzende Uljascha aus dem Zimmer gescheucht hatte: »Raus hier! Sie ist doch nicht tot! Raus aus dem Zimmer, heul hier nicht rum!«

Der Doktor zog den angewärmten Kittel an und trat ans Bett.

»Na, wie geht es unserer Patientin?«

Er schlug die Decke zurück, setzte sich neben mich und sprach leise und freundlich zu mir. Sanft streichelte er meinen kleinen Körper und gurrte: »Und nun mal die Äuglein aufmachen.«

Meine Augen öffneten sich für ein paar Sekunden.

»Sehr schön. Jetzt schauen wir uns mal die Zunge an.«

Seine Finger umfassten meinen Unterkiefer. Der Doktor

wirkte angespannt. Rasch tastete er den Kiefer ab, dann noch einmal die linke Seite. Er schien immer mehr in Wut zu geraten, während er Nase und Stirn abtastete. Geschickt drehte er mich auf den Bauch, wobei er mir zugleich das Nachthemd abstreifte. Seine schönen Hände mit den Pianistenfingern untersuchten behutsam meinen Kopf, glitten über die durchscheinenden Rippen, streichelten meinen Rücken.

»Was ist das?«, fragte er in wütendem Flüsterton und wies mit einer Kopfbewegung auf die dicken weißen Streifen. »Ich frage Sie, Madame liebende Mama, was hat das zu bedeuten?«

»Das? Fällt unter Geheimhaltung. Die sieben Hügel. Das sollte ein Arzt erkennen«, antwortete Mama.

»Hat sie laut geschrien? Lange geweint?«

»Sie hat stumm versucht, ihm den Finger abzubeißen. Ist sofort eingeschlafen und erst nach sieben Stunden wieder aufgewacht. Sie hat nicht geweint. Sie weint überhaupt selten.«

»Sie wird durchkommen, wenn Sie sie nicht durch Dummheit töten. Also hören Sie zu, und prägen Sie sich das ein wie das Vaterunser. Erstens – sie hat Bauchtyphus. Das Fieber wird noch vier, fünf Tage anhalten, dann kommt die Krisis. Zweitens – die Temperatur darf auf keinen Fall weiter steigen, das wäre ihr Tod. Wickeln Sie sie alle halbe Stunde für drei Minuten in ein nasses kaltes Handtuch. Und hören Sie auf ihren Atem. Geben Sie ihr Lindenblütensud zu trinken. Hier haben Sie eine Flasche voll, hier Lindenblüten zum Aufbrühen für später. Tun Sie Honig hinein. Hier. Wenn sie anfängt zu husten – hier, Zellstoff für Kompressen. Warme Umschläge, aber erst drei, vier Tage nach der Krisis«, sagte der Arzt, während er eine Flasche und Päckchen aus seiner Tasche nahm und auf dem Tisch verteilte.

»Und das Dritte und Wichtigste. Ihr Darm ist jetzt wie nasses Pergamentpapier und kann genauso leicht reißen. Bis die Krisis überstanden ist, geben Sie ihr gehaltvollen, nicht sehr süßen Sud aus Trockenfrüchten zu trinken, den Sie vorher durch ein Tuch seihen. Ein einziges Stück Apfelschale wäre eine Katastrophe. Und höchstens zwei Teelöffel auf einmal, insgesamt höchstens ein Glas am Tag. Ich schreibe Ihnen noch den Ernährungsplan für die nächsten fünf Wochen auf. Und denken Sie daran: Bis zur Krisis liegt ihr Leben in Gottes Hand, danach liegt es in Ihrer. Die Genesung wird lange dauern. Sechs Wochen nach der Krisis darf sie wieder normal essen, aber nicht eher. Besonders gefährlich sind die zweite und dritte Woche nach der Krisis; das Fieber wird sinken, sie wird wieder Appetit haben, darf aber nur wenig auf einmal essen. Sie wird trinken wollen. Geben Sie ihr kein Glas Wasser in die Hand! Sie würde zu schnell große Schlucke trinken und sterben. Alles verstanden?«

Er legte den Kittel in seine Tasche, zog sich an und wandte sich zum Gehen. An der Tür blieb er stehen. Verlegen hielt Mama ihm Geld hin.

Er lachte kurz. »Ich wurde für meinen Besuch schon bezahlt.«

Draußen im Flur warf er einen Blick auf die an den Türen stehenden Frauen und blaffte: »Lasst euch ja nicht einfallen, dem Kind was zuzustecken, wenn die Mutter arbeiten ist, eine warme Plinse, ein Brötchen oder sonst eine Leckerei. Ich kenne euer mitfühlendes Wesen. Damit würdet ihr das Mädchen töten, klar? Alle Zuwendungen nur über die Mutter, verstanden? Aber jetzt muss vor allem die Mutter aufgepäppelt werden, sonst kippt sie selber bald um. Fährt eine von euch am Sonntag zum Basar in Kara-Balty? Geht in den Laden neben dem Basar, sie haben Nachttöpfe für Kinder reingekriegt. Die Kleine wird noch lange nicht auf die Gemeinschaftstoilette gehen dürfen. Kauft ihr einen Nachttopf. Sagt, ich hätte euch geschickt, einen Nachttopf für ein krankes Kind zu kaufen, dann bekommt ihr einen.«

Damit ging er. Draußen tuckerte ein Auto. Der Jeep des Direktors brachte Doktor K. nach Hause. Die Leute erzählten, der Sowchos habe Doktor K. für seinen Besuch eine Fuhre Heu geschickt. Poligowoi wehrte nur ab, wenn sich Mama bei ihm bedanken wollte.

12

Die guten Menschen sind immer in der Mehrheit

Mama ging zur Arbeit, und Nina Kusminitschna, die Frau des Verwalters, und die Älteste der Kupranows kümmerten sich abwechselnd um mich. Die kalten Umschläge halfen tatsächlich, und nachdem das Fieber noch vier Tage angehalten hatte, sank es allmählich. Nach einer weiteren Woche war ich wieder bei Bewusstsein und wollte essen. Doch was konnte man der Genesenden geben? Ich durfte anderthalb Glas voll Nahrung am Tag zu mir nehmen. Nur was? Natürlich etwas Kalorienreiches. Aber es war Winter, und im Winter gab es hier nicht viel. Zwei, drei Monate vor dem Kalben wurden die Kühe nicht mehr gemolken, und sie kalben im Frühjahr, im März oder April. Deshalb hatte im Februar niemand Milch. Keine Milch, also auch keine Butter. Nicht einmal auf dem Basar. Und keine Eier: Auch die Hühner legen im Frühjahr. Fleischbrühe ist gut, noch besser Hühnerbrühe. Doch alle entbehrlichen Hühner waren im Winter gegessen worden. Im Frühjahr waren nur noch die künftigen Legehennen und der Hahn übrig. Sie zu schlachten hieße, im kommenden Jahr ohne Eier und ohne Küken zu bleiben. Rindfleisch zu kaufen war fast unmöglich: Geschlachtet wurde im Herbst oder im Winter, zu Weihnachten; niemand war so dumm und schlachtete im Februar Vieh, das er fast den ganzen Winter lang gefüttert hatte.

Ich weiß nicht, welchen Ausweg Mama aus dieser Lage gefunden hätte, wären nicht Nastja und Manja Jushakow zu Besuch gekommen. Sie weinten, als sie mich sahen, und hörten sich an, was der Arzt gesagt hatte. Am nächsten Tag kam Saweli und brachte einen Korb Eier, Mehl und fünf lebende Hühner – weiße und bunte, andere als die hier üblichen. Warum hatte Saweli zu dieser Jahreszeit Eier und Hühner? Es lag an der Rasse, erfuhr ich. In dieser Gegend wurden vor allem

rote Rhodeländer und schwarzbunte Plymouth Rocks gehalten, relativ große Hühner, die jedoch spät legen und weniger als die Rassen, die Saweli züchtete. Er hielt es für unwirtschaftlich, die »allgemein üblichen« Rassen zu halten. Seine im Mai geschlüpften Küken legten ab September und den ganzen Winter hindurch. Deshalb hatte uns Saweli zwei Leghorn-Hennen mitgebracht, die Eier legten, und drei weißbunte Hühner, die für Brühe bestimmt waren. Mama und ich waren ein wenig ratlos, wie wir lebende Hühner kochen sollten, aber ich durfte sowieso noch keine Brühe essen, also beschlossen wir, abzuwarten und dann Uljascha um Hilfe zu bitten. Vorerst liefen die fünf Hühner gackernd in unserem Zimmer herum. Später färbte Mama auf Uljaschas Rat die Hälse und Rücken unserer Hühner mit Tinte, und die Kupranows nahmen sie in ihren Hühnerstall auf.

Ich genas schleppend und mühsam. Ich war so abgemagert, dass ich mich nicht einmal auf einen Stuhl setzen konnte – auf dem hölzernen Sitz tat mir der Po weh. Mama musste mir ein Kissen für den Stuhl nähen und ein spezielles Kissen für den Nachttopf. Als ich nach mehreren Wochen aus dem Bett aufstand, stellte sich heraus, dass ich auch nicht mehr laufen konnte, meine Beine waren zu schwach. Abends lernte ich mit Mama wieder laufen.

Mama verbrachte ganze Tage bei der Arbeit, und ich lag allein auf dem schmalen harten Bett in unserem kleinen Zimmer. Ich war traurig und hatte immer Hunger. Aber ich durfte

Mama hat bereits eine kleine Geflügelzucht.
Kirgisien, »Efironos« (?), 1938 oder 1939.

nicht so viel essen, wie ich wollte. Damit ich nicht zu viel aß, war alles Essbare in der Truhe eingeschlossen, und ich hatte keinen Schlüssel. Hin und wieder kam jemand herein und gab mir einen Löffel voll Essen.

Ich liege allein im Bett und denke nach. Es ist still. Hier hat niemand ein Radio, es gibt keinen Strom. Ich langweile mich. Alle meine Lieblingsspielsachen und Bücher sind in der versiegelten Wohnung in Moskau geblieben. Der Abend dämmert. Mir gehen traurige Gedanken durch den Kopf. Am liebsten würde ich weinen. Ich denke an unser schweres Leben. Wir wissen nicht, wo Papa ist; und wie soll er uns finden, da wir so weit weg sind? Warum ist uns so viel Schlimmes zugestoßen? Und da sagt Mama ständig: Es gibt trotzdem immer mehr gute Menschen als schlechte, du musst nur aufpassen, dass du sie in deinem Ärger über das Leben nicht übersiehst. Mehr gute Menschen als schlechte? Warum sind wir dann hier? Und nichts ist mehr geblieben von meinem fernen wunderbaren Leben? Die Tränen fließen ganz von selbst.

Aber was heißt nichts? Das Wichtigste ist noch da: Mama. Bald kommt sie von der Arbeit. Sie wird lachen. Scherzen. Eine lustige Geschichte erzählen, die sie heute erlebt hat, und den Ofen heizen. Und bei der Hausarbeit wird sie singen – alles, was ich gern hören möchte.

Wie lange eine Krankheit auch dauert, einmal ist sie vorbei. Ich wurde wieder gesund. Und, so seltsam das klingt, während meiner Krankheit hatte ich eine neue Regel gelernt: Unsere augenblicklichen Wünsche können uns zu sehr gefährlichen oder dummen Taten verleiten. Von da an bemühte ich mich, erst nachzudenken, bevor ich etwas tat, egal, wie sehr ich es wollte. Dies, das meine ich noch heute, nach so vielen Jahren, ist die schwierigste Regel, die ich mir als Kind angeeignet habe.

Zum Beispiel wollte ich, als die Krisis vorbei war, ständig essen. Sofort und ganz viel, ich wollte alles verschlingen, was auf dem Herd stand. Und zugleich wusste ich: Ich darf nicht mehr als zwei Löffel voll essen, sonst reißt mein Bauch und ich sterbe. Da entscheide mal, was du tust. Einmal hatte Mama, als sie zur Arbeit ging, vergessen, den Topf mit dem Essen in die Truhe zu stellen und abzuschließen. Ich quälte mich lange, dann rief ich jemanden, der draußen im Flur vorbeiging, und bat ihn, das Essen wegzustellen, die Truhe abzuschließen und den Schlüssel mitzunehmen.

Bald verbesserte sich unsere Lage. Mamas Projekt wurde in Frunse gebilligt. Die gesamte Leitung des Sowchos, auch Mama, erhielt eine Prämie. Unsere Sachen wurden aus Frunse zur Bahnstation Kara-Balty geschickt, und Mama bekam endlich den Koffer wieder, der mit uns zusammen aus Moskau abgereist war.

Bei unseren Nachbarn kalbten die Kühe. In den Zimmern lebten nun Kälber, und ich hatte Milch! Im März war es noch recht kalt, darum hielten die Besitzer ihre neugeborenen Kälber bei sich im Warmen. Später, nach rund einem Monat, zogen sie in den kalten Stall. Ich genas, wuchs, kam zusammen mit den Kälbern zu Kräften und freute mich über die Frühlingssonne.

Die Sowchos-Arbeiter mochten Mama, weil sie zu allen freundlich war, weil sie sich immer Zeit nahm zu helfen. Nach
der Arbeit gab sie dreimal in der Woche Alphabetisierungskurse für alle, die lesen und schreiben lernen wollten, an den übrigen vier Abenden las sie allen Gogol und Puschkin vor.

Im Sommer konnte ich wieder herumlaufen wie früher und reiten. Es schien, als würde das Leben nun ruhig und friedlich weitergehen. Mama fuhr nach wie vor regelmäßig nach Kara-Balty, um sich beim NKWD zu melden, doch insgesamt war alles in Ordnung. Wir waren eingerichtet in unserem Alltag, Mama hatte Arbeit, wir lebten unter Menschen, und die meisten von ihnen, das wussten wir, waren gut. Schlechte Menschen … entweder waren es wirklich nur wenige und wir begegneten ihnen hier nicht, oder ich erinnere mich nicht an sie.

Doch im Herbst trat eine Anordnung in Kraft, nach der Verbannte nicht mehr als Angestellte beschäftigt werden durften. Mama wurde als Agronomin abgelöst und zum Jäten versetzt. Die Tagesnorm: drei mehrere Kilometer lange Ackerfurchen.

Mama mit ihrem steifen Bein erfüllte nie die Norm, doch jeden Tag übernahmen andere Frauen, die ihre drei Reihen geschafft hatten, zusätzlich je eine Reihe rechts und links neben Mama. Als Mama protestieren wollte, hieß es streng: »Sei still, Jewgenjewna, wir haben deine Güte nicht vergessen. Wir sind nicht die Natschalniks und wollen dich nicht ins Verderben stürzen. Sei still, sonst kriegen wir alle Ärger.« Wessen Idee das gewesen war und warum nie jemand diese Unregelmäßigkeit gemeldet hat, blieb uns ein Rätsel. Seitdem weiß ich, dass Menschen, die selbst viel Schweres erlebt haben, anderen wortlos helfen, ohne Dankbarkeit zu erwarten.

Mama erfuhr auch nie, warum eines Tages der Feldscher, den es inzwischen beim zentralen Gut gab, zu ihr kam und sie zu einer arbeitsmedizinischen Untersuchung nach Kara-Balty bestellte. Alle nötigen Papiere hatte er dort bereits eingereicht. Wie hatte er von ihr erfahren? Wer hatte ihn gerufen? Die Kommission bescheinigte Mama, dass sie seit ihrer Kindheit behindert war, und stufte sie als Invalidin zweiten Grades ein, was schwere körperliche Arbeit ausschloss. Als Agronomin durfte sie zwar nicht mehr arbeiten, aber immerhin wurde sie in die Rohstoffannahme versetzt und musste nicht mehr auf dem Feld Unkraut jäten.

13

Kant Bala ist nicht süß

Im Frühjahr 1939 bekam Mama eine Stelle auf dem zentralen Gut: Ich wurde bald acht, es war Zeit für die Schule. Zuvor war ich nicht aufgenommen worden, weil ich noch zu jung war, obwohl ich längst flüssig lesen, rechnen und in Druckbuchstaben schreiben konnte und außerdem drei, vier Sprachen sprach. Deutsch und Französisch hatte mir Mama schon früh beigebracht, Kirgisisch und Ukrainisch hatte ich auf dem oberen Abschnitt allein gelernt, von meinen gleichaltrigen kirgisischen Spielkameraden und von meinen ukrainischen Nachbarn.

Ich freute mich über den angebrochenen Frühling, über die blühende Steppe, deren Schönheit ich nie vergessen werde, über die vielen neuen Freunde und die vielen interessanten Beschäftigungen. Ich wusste vieles, was meine Altersgenossen nicht wussten, lernte vieles von meinen kirgisischen Freunden, und je neuer die Eindrücke waren, je mehr ich lernte, desto interessanter war das Leben. Zusammen mit mir sollten einige meiner alten Freunde vom oberen Abschnitt eingeschult werden. Auch darüber freute ich mich sehr.

Die Kinder im zentralen Gut spielten genau wie in allen Städten und Dörfern unseres großen Landes, rannten als ganze Horde durch den Ort und bestanden alle möglichen Abenteuer. Natürlich spielten wir auch Grenzsoldaten, Krieg, Räuber und Gendarm und Helden des Bürgerkriegs, über die damals viele Lieder gesungen, Gedichte geschrieben und die überhaupt allseits gerühmt wurden. Doch nicht alle diese berühmten Helden weckten meine Begeisterung. Nein, ich war nicht gegen den Bürgerkrieg, davon verstand ich mit meinen noch nicht mal acht Jahren nichts. Aber ich hatte von klein auf gelernt, über die Texte nachzudenken, die ich las, sang und auswendig lernte. Und da begannen die Zweifel. In einem populären Lied über den Matrosen und Partisan Shelesnjak, das aus allen Lautsprechern schallte, hieß es:

»Er zog gen Odessa, erreichte Cherson
Ein Hinterhalt wartete dort …
Ein Hinterhalt links, ein Hinterhalt vorn –
Nur zehn Granaten besaßen sie noch.«

Natürlich fand ich eines Tages bei Freunden einen Schulatlas und sah nach, wo Odessa liegt und wo Cherson. Und wunderte mich sehr. Wenn Shelesnjak Matrose war, musste er sich doch auch ohne Karte in der Steppe orientieren können, nach den Sternen … Wieso hatte er seine Einheit in die falsche Richtung geführt? Also war er gar kein Held, schließlich waren seine Kameraden seinetwegen in einen Hinterhalt geraten? Das sagte ich eines Tages, als meine Freunde Shelesnjak-Partisanen spielen wollten.

Sie dachten nach, dann sagte jemand: »Na, dann spielen wir Schtschors, das war auch ein roter Kommandeur.«

»Ach ja«, widersprach ich, »ein schöner Kommandeur. Er hatte nicht mal einen Sanitäter in seiner Abteilung.«

»Woher willst du das wissen? Vielleicht hatte er auch einen Sanitäter?«

»Na klar! Von wegen! Wie heißt es im Lied? ›Seinen Kopf verbunden, vom Kampf die Bluse nass, unter seinen Schritten ward rot das Ufergras.‹*

Was ist das für eine Einheit, wenn sie nicht mal ihren Kommandeur anständig verbinden können? Mit so einem Ver-

* Nachdichtung aus: »Wir sind aus dem Volke geboren. Lieder der Volkspolizei« (Anm. d. Übers.).

wundeten kommt man nicht weit, wenn das Gras nass wird vom Blut!«

Nach kurzem Hin und Her beschlossen wir, Räuber und Gendarm zu spielen, und vergaßen das Gespräch.

Am Abend kam Mama von der Arbeit. Wir aßen, redeten über dies und das, dann ging Mama raus auf den Hof, etwas mit der Nachbarin besprechen, und ich griff zu einem Buch.
Ganz blass, mit zitternden Lippen kam Mama zurück und sagte streng, ich solle das Buch weglegen.

»Worüber hast du heute auf dem Hof mit den anderen Kindern gesprochen?«

»Nichts Besonderes … Wir haben Räuber und Gendarm gespielt.«

»Und was wolltet ihr erst spielen?«

»Schtschors, glaube ich. Ach, du redest von dem Lied … Aber darin heißt es doch wirklich … Und über Shelesnjak genauso. Also ist er ein schlechter Kommandeur. Oder etwa nicht?«

Auf einmal packte meine stets beherrschte Mama mich bei den Schultern und schüttelte mich.

»Aber verstehst du denn nicht?! Wie kannst du so etwas laut sagen? Hast du vergessen, wo wir noch vor Kurzem waren? Willst du wieder dorthin, zu den sieben Hügeln?«

Plötzlich begriff ich, welche Folgen meine Worte haben konnten, und schwieg betroffen.

»Niemals, hörst du, niemals«, wiederholte Mama und schüttelte mich, »niemals darfst du solche Dinge laut sagen, schon gar nicht vor Fremden.« Mein Kopf wurde von einer Seite zur anderen geworfen, ich sah Mama entsetzt an, doch sie schüttelte mich weiter und wiederholte: »Denk daran, wo wir waren … denk daran, wer wir sind … Für jedes unvorsichtige Wort werden wir büßen …«

»Mama, Mama, hör auf, ich hab verstanden!« Mama hielt

inne. »Mamotschka, ich hab verstanden … ich werde nie mehr … ich werde nie mehr laut sagen, was ich denke.«

Ich wollte nicht weinen, doch die Tränen flossen von ganz allein. Schon weinte ich bitterlich, und Mama strich mir sanft über den Kopf.

Eine Frage, die mir plötzlich in den Sinn kam, ließ den Tränenstrom versiegen.

»Mama, warum steht auf deiner Bescheinigung ›Angehörige eines Heimatverräters‹? Sind wir etwa Heimatverräter?«

Mama schwieg eine Weile, dann antwortete sie doch.

»Nein, Liebes, keiner von uns hat die Heimat verraten. Du bist schon groß, ich kann dir jetzt manches erklären, aber denk immer daran: Darüber darfst du mit niemandem reden. Weder mit deinen Freunden noch mit den Nachbarn … Mit niemandem. Verstehst du?«

Ich nickte. Das verstand ich bereits gut.

Mama fuhr fort: »Du warst noch ganz klein, als unser Papa wegging, erinnerst du dich? Er hat uns damals nicht aus freien Stücken verlassen. Er wurde verhaftet, beschuldigt, ein Volksfeind zu sein, und nach Magadan geschickt, ins Lager. Wir beide haben auf der Karte nachgesehen, wo das liegt, erinnerst du dich?«

Und ob ich mich erinnerte! Offenbar hatte ich vieles schon früher geahnt oder aus den Gesprächen der Erwachsenen aufgeschnappt. Ich erinnerte mich, dass Mama mir gesagt hatte, Papa werde lange weg sein und wir würden auf jeden Fall auf ihn warten. Ich erinnerte mich auch daran, dass ich Angst hatte, »sie« könnten auch Mama wegholen und nach Magadan schicken.

»Aber er ist doch kein Volksfeind, oder?«

»Nein, mein Kind. Er ist völlig unschuldig. Ich denke, irgendwer hat ihn angeschwärzt. Vielleicht haben sie ihm übel genommen, dass er sich bei seinen Vorgesetzten für einen

Kollegen eingesetzt hat, der vor ihm verhaftet wurde. Der war schließlich auch kein Spion oder Feind. Und Papa hat versucht, das zu beweisen. Viele solche unschuldigen Menschen sitzen in unserem Land im Lager.«

»Gehören wir auch dazu? Zu den Volksfeinden? Und darum darf ich darüber nicht reden?«

Mama nickte und biss sich auf die Lippen. Womöglich bereute sie bereits, sich auf das Gespräch eingelassen zu haben. Doch ich konnte nicht aufhören.

»Und weshalb wurden die Kupranows verbannt?«

»Das nennt sich ›Entkulakisierung‹. Sie besaßen einen großen Hof. Wenn sich reiche Bauern wie sie weigerten, ihr Eigentum zur gemeinschaftlichen Nutzung an den Kolchos abzugeben und dann im Kolchos zu arbeiten, nahm man ihnen alles weg und verbannte sie mitsamt ihren Familien in entlegene Gebiete. Sie werden mit dem beleidigenden Wort ›Kulaken‹ bezeichnet, dabei führten sie ihren Hof oft einfach nur besser als andere, genau wie Opa Saweli. Sie scheuten keine Arbeit, darum wurden sie wohlhabender als andere. Aber irgendwer hat entschieden, es sei besser, den einen alles wegzunehmen und es an die anderen zu verteilen.«

»Aber die Kupranows und die anderen sind gute Menschen – sie glauben doch nicht, dass wir Volksfeinde sind? Mit Feinden würde schließlich niemand befreundet sein wollen? Und uns haben ja alle so geholfen.«

»Natürlich, Elja. Gute und kluge Menschen verstehen das alles. Aber ist dir aufgefallen, dass auch sie nicht darüber sprechen? Also, denk immer daran. Eines Tages werden wir vielleicht darüber reden können, doch jetzt könnte ein unvorsichtiges Wort Unheil bedeuten. Nicht nur für uns, sondern auch für andere. Wirst du dir das merken?«

Ich nickte stumm. Das merkte ich mir für immer. Trotzdem ließ mir der Gedanke, dass das alles ungerecht war, unfair und sehr verletzend, viele Jahre keine Ruhe. Aber ich dachte immer daran: Niemals, mit niemandem … und alle Fragen nur an Mama, und auch das nur, wenn es niemand hört.

Im Herbst kam ich in die Schule. Ich kann nicht sagen, dass es für mich sonderlich aufregend gewesen wäre in der ersten Klasse, wo die meisten Kinder gerade erst die Buchstaben lernten. Die Fibel war völlig uninteressant, und die simplen Geschichten aus dem »Lesebuch«, zu dem wir nach Neujahr wechselten, waren kein bisschen besser. Über die Natur und die Umwelt wusste ich auch schon ziemlich viel. Ich konnte mühelos und schnell rechnen, und die Mathematikaufgaben waren so einfach, dass ich es langweilig fand, sie umständlich in zwei, drei Schritten aufzuschreiben, wenn doch sowieso alles klar war. Nur die anerzogene Gewohnheit, alles gut zu machen, sorgte dafür, dass ich meine Hefte ordentlich führte und im Unterricht brav das Verlangte antwortete.

Eine wahre Strafe allerdings war für mich das Schreiben. Mit dem Bleistift Striche und Häkchen in ein Heft mit Hilfslinien malen kann natürlich jeder, aber als wir einen Federhalter und Tinte bekamen, stellte sich heraus, dass das Ganze nicht so leicht war. Die Feder blieb ständig am Papier hängen, auf dem Blatt bildeten sich riesige Kleckse, und die Buchstaben wurden schief. Ich ärgerte mich, und dann gehorchte mir der Federhalter noch schlechter.

Eines Tages brachte Mama ein Bündel Gänsefedern mit, spitzte sie nach allen Regeln der Kunst an, wie früher, erklärte mir nebenbei, warum ein Taschenmesser auch Federmesser genannt wird, und schlug vor, ich sollte mit einer Gänsefeder schreiben und zeichnen lernen, wie im 19. Jahrhundert. Das Schreiben mit einer Gänsefeder war noch schwerer als mit einer Stahlfeder. Man durfte auf keinen Fall stark aufdrücken: Die Feder zerbrach, und man musste eine neue neh-

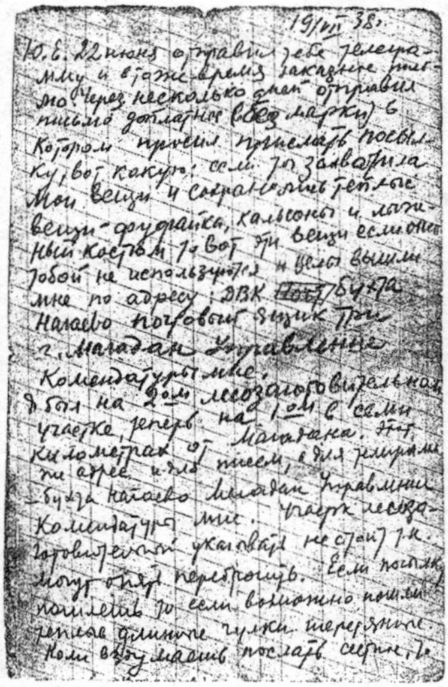

19/VII 38.
Ю. Е. 22 июня отправил тебе телеграмму и в то же время заказное письмо. Через несколько дней отправил письмо доплатное (без марки) в котором просил присылать посылку, вот какую: если ты захватила мои вещи и сохраняешь теплые вещи — фуфайка, кальсоны и лыжный костюм, то вот эти вещи если они тобой не используются и целы вышли мне по адресу: ДВК ~~пос~~ бухта Нагаево почтовый ящик [illegible] г. Магадан Управление Комендатуры мне.
Я был на 2ом лесозаготовительном участке, теперь на 1ом в [illegible] километрах от Магадана. Этот адрес и для писем, и для телеграмм — бухта Нагаево Магадан Управление Комендатуры мне. Участок лесозаготовительный указывать не стоит т. к. могут опять перебросить. Если посылку пошлешь то если возможно пошли теплые длинные чулки шерстяные. Если вздумаешь послать съестное, то

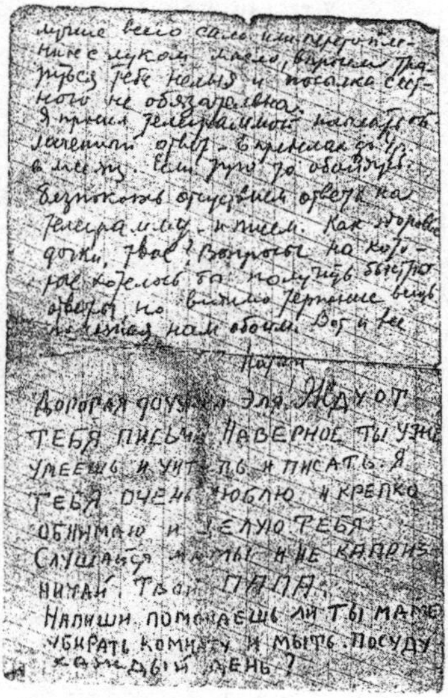

лучше всего сало или сухофрукты с луком, масло, впрочем тратиться тебе нельзя и посылка съестного не обязательна.
Я просил телеграммой налагать оплаченный ответ — в пределах до 10 в месяц. Если тебя это обидит — беспокоюсь отсутствием ответа на телеграмму и писем. Как здоровье дочки, твое? Вопросы на которые хотелось бы получить быстро ответы, но видимо терпение вещь нелишняя нам обоим. Вот и все.
Целую

Дорогая доченька Эля. Жду от тебя письма. Наверное ты уже умеешь и читать и писать. Я тебя очень люблю и крепко обнимаю и целую тебя. Слушайся мамы и не капризничай. Твой ПАПА.
Напиши помогаешь ли ты маме убирать комнату и мыть посуду каждый день?

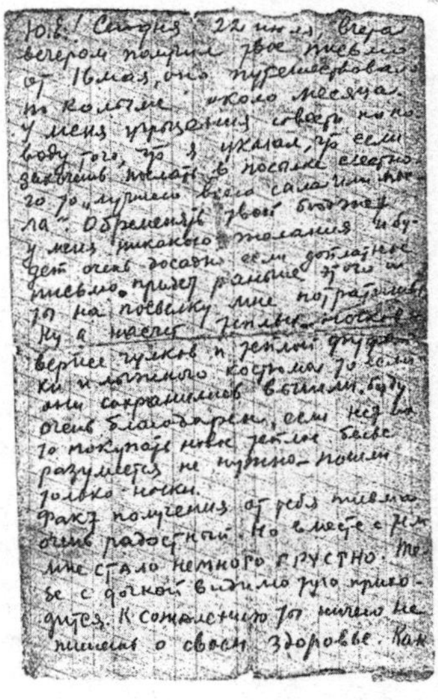

Ю. Е.! Сегодня 22 июля, вчера вечером получил твое письмо от 16 мая, оно путешествовало по колыме около месяца. У меня угрызения совести по поводу того, что я указал, что если захочешь послать в посылке съестного то «лучше всего сало или [illegible]». Обременять твой бюджет у меня никакого желания и будет очень досадно если доплатное письмо придет раньше этого письма. Что на посылку мне потратишь ну а насчет теплых носков, верхних чулков и теплой фуфайки и лыжного костюма то если они сохранились вышли. Буду очень благодарен, если нет вещей то покупать новые теплые вещи разумеется не нужно — пошли только носки.
Факт получения от тебя письма очень радостный. Но вместе с тем мне стало немного грустно. Твое [illegible] с дочкой видимо туго приходится. К сожалению ты ничего не пишешь о своем здоровье. Как

Briefe des Vaters aus dem Lager Magadan an die Familie
in die kirgisische Verbannung, 1938.
19.7.38
J. J. Am 22. Juni habe ich ein Telegramm an Dich abgeschickt und zugleich einen Einschreibbrief. Einige Tage danach einen Nachnahme-Brief (ohne Marke), in dem ich Dich gebeten habe, mir ein Paket zu schicken, und zwar: Falls Du meine Sachen mitgenommen hast und warme Sachen dabei sind – Wattejacke, lange Unterhosen, Skianzug -, und falls Du diese Sachen nicht benutzt und sie noch ganz sind, schick sie mir an die Adresse: DWK Buchta Nagajewo, Postfach drei, Magadan, Verwaltung der Kommandantur, an mich.

Ich war am 2. Forstabschnitt, jetzt bin ich am 1., sieben Kilometer entfernt von Magadan. Dieselbe Adresse gilt für Briefe, für Telegramme – Buchta Nagajewo, Magadan, Verwaltung der Kommandantur, an mich. Den Forstabschnitt musst Du nicht angeben, ich könnte wieder versetzt werden. Wenn Du mir ein Paket schickst, dann schick mir, wenn möglich, lange warme Wollstrümpfe. Solltest Du ein Lebensmittelpaket schicken, dann am besten Speck oder ausgelassene Butter mit Zwiebeln. Aber Du darfst nicht zu viel ausgeben, und ein Paket mit Essbarem muss nicht unbedingt sein.
Ich hatte im Telegramm um einen Brief mit Rückporto gebeten – bis zu 4 Rubel im Monat. Wenn das zu viel ist, geht es auch ohne. Ich mache mir Sorgen, weil die Antwort auf meine Telegramme und Briefe ausbleibt. Wie geht es unserer Tochter? Und Dir? Das sind die Fragen, auf die ich gern möglichst rasch Antwort hätte, aber offenbar ist Geduld nützlich für uns beide.
Das ist alles.

MEINE LIEBE TOCHTER ELJA! ICH WARTE AUF EINEN BRIEF VON DIR. BESTIMMT KANNST DU JETZT SCHON LESEN UND SCHREIBEN. ICH HAB DICH SEHR LIEB UND UMARME DICH FEST UND KÜSSE DICH. HÖR AUF MAMA UND QUENGLE NICHT. DEIN PAPA.
SCHREIB MIR, OB DU MAMA JEDEN TAG BEIM SAUBERMACHEN UND GESCHIRRSPÜLEN HILFST.

J. J.! Heute ist der 22. Juli, gestern Abend erhielt ich Deinen Brief vom 16. Mai, er ist eine Woche durch die Kolyma gereist. Ich habe Gewissensbisse, weil ich geschrieben habe, wenn Du mir Lebensmittel schicken willst, dann „am liebsten Speck oder Butter". Ich will Deinen Geldbeutel auf keinen Fall belasten, und es wäre sehr ärgerlich, wenn der Nachnahme-Brief eher ankäme als dieser und Du Geld ausgeben würdest für ein Paket an mich. Und was die warmen Socken angeht, die Wattejacke und den Skianzug, falls das alles noch da ist, schick es mir, dafür wäre ich Dir sehr dankbar. Wenn nicht, musst Du keine neuen warmen Sachen kaufen, dann schick mir nur Socken.
Einen Brief von Dir zu bekommen war eine große Freude, hat mich aber zugleich auch ein bisschen traurig gemacht. Du und unsere Tochter habt es offenbar schwer. Leider schreibst Du gar nichts über Deine Gesundheit. Wie …

men. Doch wir besaßen nicht viele Federn, und das Anspitzen war mühsam.

Ich schrieb nicht einfach irgendwas – ich schrieb Briefe nach Sibirien! Ich sollte mir aus Mamas Buch Gedichte aussuchen, die mir besonders gefielen, und mir vorstellen, dass ich an die Dekabristen in Sibirien schrieb. Erstens musste ich jeden Brief ganz ordentlich schreiben und beim Schreiben zugleich auswendig lernen; zweitens musste der Rand mit Zeichnungen verziert werden, wie in den Manuskripten von Puschkin und Lermontow. Schöne Gedichte abzuschreiben, noch dazu in ordentlichen Verszeilen, war viel interessanter, als Sätze zu schreiben wie »Unsere Heimat ist das Sowjetland« oder »Dascha ist eine gute Melkerin«. Und Bilder zu den Gedichten an den Rand zu zeichnen und dabei aufzupassen, dass die Feder leicht über das Papier glitt und nicht daran hängen blieb, machte mir solche Freude, dass ich ganz vergaß, wie widerspenstig die Feder sein konnte.

Ich schrieb eine Menge »Briefe an Dekabristen«. Nach diesen Übungen drückte ich auch mit der Stahlfeder weniger stark auf, sie blieb nicht mehr am Papier hängen und hörte auf zu klecksen. Am Ende des Schuljahrs hatte ich mich mit dem Schreiben ausgesöhnt, und noch lange machte ich gern Federzeichnungen. Das konnte ich zwar längst nicht so gut wie Mama, trotzdem machte es mir große Freude.

Während ich die erste Klasse besuchte und die neuen Eindrücke des Schullebens aufsaugte, gingen die Erwachsenengespräche über Politik, über den im Herbst in Europa ausgebrochenen Krieg irgendwie an mir vorbei. Allerdings fielen immer wieder die Worte »Hitler«, »Nichtangriffspakt« und »Faschismus«. Offenbar erreichten uns die Gespräche über die Politik doch, obwohl die Erwachsenen sie meist halblaut führten und sich bemühten, die Aufmerksamkeit der Kinder nicht auf diese

Stella (rechts) in der ersten Klasse. Herbst 1939.

Themen zu lenken. Sie meinten, für uns genüge das, was wir in der Schule darüber erfuhren.

Wichtigste Informationsquelle für die Erwachsenen war das Radio. Nicht in jedem Haushalt im zentralen Gut hing ein tellerförmiger schwarzer Rundfunkempfänger an der Wand, in unserem Zimmer zum Beispiel nicht. Doch alle Erwachsenen, die zu Hause kein Radio hatten, gingen wenigstens einmal am Tag ins Fabrikkontor, wo der Rundfunkempfänger zur Nachrichtenzeit extra eingeschaltet wurde.

Wir Kinder hatten keine Ahnung, was im Land geschah, dafür lernten wir in der Schule Lieder wie »Wenn morgen Krieg ist« und »Das Gewehr«. Im Refrain des Letzteren hieß es: »Mit scharfem Säbel steh ich dir zur Seite, mein Gewehr«, was mich sehr wunderte. Mit einem Gewehr schießt man schließlich aus der Ferne, während man mit einem Säbel nur

Mann gegen Mann kämpfen kann – wie passte das zusammen? Und wozu brauchte ein Soldat eigentlich noch einen Säbel, wenn er ein Gewehr hatte? Doch aus Erfahrung klug, stellte ich keine Fragen. Der Lehrerin sowieso nicht, das war klar. Und mit Mama fand ich immer interessantere Themen, deshalb kam mir die Frage nach dem Gewehr bis zur nächsten Musikstunde nicht mehr in den Sinn. Überhaupt nahmen wir Kinder all diese kriegerischen Lieder und das Gerede davon, dass unser Land von Feinden umgeben sei und wir »heute zum Kampf bereit« sein sollten, nicht weiter ernst. Um uns herum gab es so viel Interessantes, dass alles andere an uns vorbeirauschte.

14

Der Krieg

Die ersten Gespräche über einen bevorstehenden Krieg hörte ich am Ende der zweiten Klasse, im Frühjahr 1941. Die Erwachsenen hatten am Abend eine geschlossene Versammlung, auf der ein Brief aus Moskau vorgelesen wurde: Die Wachsamkeit müsse erhöht werden, Panik verbreitende Reden seien zu unterbinden, es werde keinen Krieg geben, denn die Deutschen seien unsere Freunde.

Bis zum späten Abend sprachen die Menschen auf dem Hof über diesen Brief und kamen zu dem Schluss, dass es wohl sehr bald Krieg geben würde, vielleicht noch in diesem Jahr. Sie begannen, Salz, Streichhölzer und Seife zu horten.

Im Juni begann der Krieg. Ein neuer Sowchos-Direktor löste Tatschew ab und entließ Mama – »aus Wachsamkeit«. Schließlich war sie eine Verbannte, Angehörige eines Heimatverräters, zudem ein sozial gefährliches Element! In der Tat, sehr gefährlich: Hochschulbildung, beherrschte fünf Fremdsprachen, spielte Klavier, zeichnete meisterhaft, hatte vor der Revolution das Smolny-Institut für Höhere Töchter besucht, ihre Mutter war Polin, die Großmutter Schwedin, der Vater entstammte einem alten russischen Adelsgeschlecht, war Ingenieur in der Tulaer Waffenschmiede gewesen und bestimmt Weißgardist, denn alle Männer in der Familie (bis auf ihn, meinen Großvater) waren Artillerieoffiziere gewesen. Obendrein hatte sie einen baltischen Juden geheiratet, der zudem im Lager saß …

Die Familie von Stellas Vater Natan Lichtmacher
(er sitzt auf dem Baumstamm), Kėdainiai, Litauen, um 1910.

Mamas Vater war schon 1923 gestorben, also keinerlei Gefahr mehr für die Sowjetmacht; Mama war Agronomin, ganz und gar unmilitärisch, außerdem humpelte sie wegen ihrer Knochentuberkulose seit ihrer Kindheit …

Doch was spielte das für eine Rolle! Wachsamkeit tat not, und »Wo gehobelt wird, fallen Späne«. Also wieder umziehen.

Ich bedauerte sehr, dass ich Abschied nehmen musste von meiner Klasse und meinen Freunden und fortgehen, ins Ungewisse.

Arbeit für Mama fand sich in Tschaldowar, fast fünfzig Kilometer entfernt von unserem Sowchos. Dort gab es einen großen Fleischsowchos und eine Siebenklassenschule. Die jungen Männer waren alle zur Armee eingezogen worden, und in der Schule gab es niemanden mehr, der Chemie, Biologie und Deutsch unterrichten konnte. So wurde Mama, die Agronomin, plötzlich Lehrerin.

Nach Tschaldowar fuhren wir mit einem gemieteten Ochsengespann, die ganze Nacht. Diesmal reisten wir nicht mit leerem Rucksack. Wir hatten unsere Möbel dabei, Geschirr, fünf Hühner und zehn Enten mit Küken. Einen kompletten Hausstand!

Vor Ort bekamen wir ein Zimmer im Lehrerhaus und einen kleinen Stall zugewiesen. Doch wenn es warm war, verbrachten die Tiere nur die Nacht im Stall. Die Enten hatten dort freien Auslauf. Es gab zwar keine Seen oder Teiche, sie konnten also nirgends schwimmen, dafür watschelten sie jeden Morgen stolz in die Steppe. Dort leben massenhaft alle möglichen Grashüpfer, und Enten fressen Grashüpfer. Abends kamen die Enten mit angeschwollenem Kropf nach Hause, liefen zum Wassertrog, tranken – und ab in den Stall, schlafen. Wir mussten sie also nicht füttern, sie fraßen sich in der Steppe satt. Das war eine große Erleichterung, denn Getreide gab es nirgends zu kaufen, es war Krieg, und den kleinen Vorrat, den wir mitgebracht hatten, brauchten wir als Hühnerfutter. Solange die Hühner vom Getreide lebten, lebten wir von den Hühnern. Als der Herbst kam, war beides verzehrt – das Getreide wie die Hühner.

Mitte September verbreitete sich das Gerücht, an einem Abschnitt des Sowchos seien Wolgadeutsche angesiedelt worden.

In Tschaldowar gab es keine zentrale Rundfunkstation mit

Lautsprechern, auch keine Zeitungen. Wer einen eigenen Radioapparat besaß, hatte diesen bei speziellen Stellen abgeben müssen, als der Krieg begann. Über den Kriegsverlauf wusste also niemand Bescheid. Wer dienstlich im Kreiszentrum gewesen war, in Kalininskoje, oder auf der Bahnstation Kara-Balty und dort zufällig Frontmeldungen gehört hatte, brachte vereinzelte Informationen mit, doch solche Fahrten gab es höchstens einmal im Monat. Darum erlebten wir das Vorrücken der Deutschen immer als »plötzlich« und in großen Schritten. Wir erfuhren an einem Tag, was woanders nach und nach mitgeteilt wurde. Aus einer Nachricht, die uns im August erreichte, ging hervor, dass unsere Truppen gleichzeitig Roslawl, Nowo-Mirgorod, Kirowograd, Kotowsk, Staraja Russa, Smolensk, Nowgorod, Kingissepp, Narwa, Nikolajew, Kriwoi Rog, Gomel und Cherson aufgegeben hatten. Das war sehr beängstigend. Wenn man das alles auf der Karte einzeichnete, ergab sich, dass die Frontlinie mit einem Schlag viele Kilometer tief ins Land vorgedrungen war. Schon trafen auch in Tschaldowar Gefallenenmeldungen und Briefe aus Lazaretten ein.

In unsere Klasse kam eine neue Schülerin, Elja Berg. Vor dem Krieg hatte sie in der Stadt Engels gelebt, der Hauptstadt der Wolgadeutschen. Bei Kriegsbeginn war die Republik liquidiert und alle Deutschen waren nach Zentralasien und nach Sibirien deportiert worden. Über diese Vertreibung wurde nur flüsternd gesprochen, ebenso darüber, dass nicht nur die Deutschen ausgesiedelt wurden, sondern auch andere Völker von der Wolga, der Krim, aus dem Kaukasus und dem Fernen Osten.

Elja und ich freundeten uns rasch an, in der Klasse nannte man uns bald »die Eljas«. Als Elja erfuhr, dass ich Deutsch spreche und die Sprache sehr liebe, nutzten wir jede Gelegenheit, uns in ihrer Muttersprache zu unterhalten. Aber Mama riet uns streng, in der Schule nicht Deutsch miteinander zu sprechen, überhaupt unsere guten Sprachkenntnisse nicht zu demonstrieren. Wir begriffen, dass das womöglich nicht jedem gefallen würde, und natürlich wollten wir uns keine neuen Unannehmlichkeiten einhandeln. Zugleich mahnte mich Mama, niemandem zu zeigen, dass ich außerdem Französisch sprach.

Wir stellten schnell fest, dass Elja ein etwas anderes Deutsch sprach als Mama und ich. Die Sprache der Wolgadeutschen war vor 150 Jahren mit den ersten deutschen Siedlern nach Russland gekommen, unter der Zarin Katharina II., und unterschied sich von dem Hochdeutsch, das meine Mama in ihrer Jugend gelernt hatte. Doch Mama half uns, und bald verglichen wir wissbegierig den Wolgadialekt mit dem Hochdeutschen. Abends kam Elja gern zu uns, und wir sprachen viel Deutsch miteinander, Mama erzählte verschiedene deutsche Märchen und Geschichten, und Elja steuerte andere bei, die in ihrer Heimat erzählt wurden.

Elja fiel das Lernen genauso leicht wie mir, darum brauchten wir für die Hausaufgaben nie viel Zeit und beschäftigten uns voller Freude mit vielen anderen interessanten Dingen.

Schon Ende September wurde es schwierig mit der Ernährung. Im Laden waren keine Lebensmittel und kein Brot mehr zu bekommen, und einen Basar gab es in Tschaldowar nicht. Anders als andere hatten wir auch kein eigenes Gemüse – alles, was wir im Frühjahr angepflanzt hatten, war in unserem alten Sowchos geblieben, bestimmt hatte irgendwer inzwischen unseren Mais und unsere Kürbisse geerntet. Für Kohl und Kartoffeln ist es in Kirgisien zu heiß, in den Gärten werden Mais, Kürbis, Zwiebeln, Knoblauch, Zuckerrüben, Tomaten, Auberginen, Paprika, Wasser- und Honigmelonen angebaut. Doch das alles gedeiht nur, wenn es Wasser zum Gießen gibt. Und auch mit dem Wasser stand es schlecht. Die

Mirabs waren zur Armee gegangen, und niemand kümmerte sich mehr um die Aryks, durch die das Wasser von den Bergen floss.

Die einzige Rettung war, dass es im ersten Kriegssommer während der üblichen Trockenzeit mehrfach regnete, so dass die Ernte selbst auf den unbewässerten Feldern sehr gut ausfiel.

Im September war Weizenernte. Mähdrescher hatte der Kolchos damals noch nicht, das Getreide musste größtenteils per Hand geerntet werden – gemäht wurde mit Sensen oder einem Schwadmäher, dann wurden Garben gebunden, auf eine überdachte Tenne geschafft und gedroschen – wenn es Strom gab, mit einer Dreschmaschine, sonst per Hand mit Dreschflegeln.

Auch die Schulkinder beteiligten sich an der Ernte. Die Älteren, die Schüler der fünften bis siebten Klasse, halfen den Erwachsenen: Die Mädchen banden Garben, die Jungen brachten sie mit Pferden zur Tenne.

Wenn die Garben abgeräumt waren, kamen wir Kleinen, die Schüler der ersten bis vierten Klasse, aufs Feld, die Ähren sammeln, die beim Mähen heruntergefallen waren. Jeder erhielt einen leeren Sack, der gefüllt werden musste, das war unsere Norm. Wir durften erst nach Hause, wenn der Sack voll war. Die Arbeit war nicht schwer – bücken und einsammeln. Aber wenn der Sack halb voll war, rutschten wir auf Knien oder auf allen vieren weiter – so sehr tat der Rücken weh. Außerdem waren wir die ganze Zeit hungrig. Damals gab es noch keine Schulspeisung, alle Kinder frühstückten zu Hause und aßen nach dem Unterricht zu Hause Mittag. Doch in der Erntezeit wurden wir gleich nach dem Unterricht zum Ährensammeln aufs Feld gebracht. Einen Sack zu füllen dauerte vier bis sechs Stunden, der Fußweg vom Feld nach Hause (gefahren wurden wir nur aufs Feld) noch einmal mindestens eine Stunde.

Die meisten von uns bekamen kein Essen mit in die Schule – dafür war einfach nicht genug da. Aber wir hatten eine Möglichkeit gefunden, unseren Hunger zu stillen: Wenn niemand in der Nähe war, nutzten wir die Gelegenheit und zerrieben eine Ähre zwischen den Händen, pusteten die Spelzen weg und steckten die Körner in den Mund. Während der Arbeit

aßen wir so fünf bis sechs Ähren. Wenn wir die Säcke mit den Ähren ablieferten, kontrollierten die Erwachsenen unsere Taschen, ob wir auch kein Getreide mit nach Hause nahmen, keinen Diebstahl sozialistischen Eigentums begingen.

Wer weiß, wie wir ohne unsere Enten den ersten Kriegswinter überlebt hätten. Mama hatte ein »Händchen« für jegliches Geflügel, es gedieh bei uns immer gut. Im Dorf meinte man schon, Mama sei womöglich eine Hexe. Über den Sommer und den Herbst verloren wir keine einzige Ente, und im Oktober waren es mehr als hundert – alle groß, fett und gravitätisch.

Das Kreiskrankenhaus von Kara-Balty war zum Militärlazarett geworden. Nun gab es nur noch die Poliklinik Kara-Balty, in der die Einwohner des gesamten Kreises behandelt wurden, und die Kinderabteilung des Krankenhauses, die vor dem Krieg eröffnet worden war. Dafür existierte in jedem Ort eine Veterinärstation, und in einigen größeren war dort auch eine Krankenschwester für die Menschen angestellt. In Kirgisien gab es mehr Ärzte für Tiere als für Menschen, denn in der Republik lebten viel mehr Kühe, Schafe, Kamele und Esel als Menschen.

Mitte Oktober begann der Aufkauf von privatem Geflügel und Kälbern – für das Lazarett und die Armee. Für ein Kilo Lebendgewicht erhielt man ein Kilo Getreide oder Geld. Mama lieferte alle Enten ab, und wir bekamen zwei Säcke Weizen, einen Sack Mais und außerdem Geld. Mama sagte, wir würden das Geld nicht gleich ausgeben, sondern im Januar eine Kuh kaufen. Das taten wir dann auch. Weil es für eine ausgewachsene Kuh nicht reichte, kauften wir eine trächtige Jungkuh. Dieser Kauf ist eine lustige Geschichte für sich. Natürlich hatte der Verkäufer uns Städter betrogen, und unsere Kleine kalbte nicht im März, wie er behauptet hatte, sondern erst Ende Mai.

Doch vorerst war Spätherbst. Im November ist es in dieser Gegend sehr kalt und windig, und es regnet viel. Schnee fällt erst im Dezember, und auch das nicht jedes Jahr. Mitte November 1941 kamen mehrere Fuhrwerke mit Frauen und Kindern nach Tschaldowar. Wir lernten ein neues Wort: »Evakuierte«.

Auf dem ersten Wagen fiel eine sehr schöne schwarzäugige Frau auf – schlank, elegant, in weißen Sandalen und einem gelben Kattunkleid mit weißen Blumen. Ein Mädchen schmiegte sich eng an sie, seiner Mutter sehr ähnlich. Es trug Sandalen an den blau gefrorenen Füßen und am Leib ein rosa Trägerkleidchen, dessen Unterteil kein Rock war, sondern eine weite Hose, und war in ein zerlumptes altes Tuch gewickelt. Vor dem Regen schützten sich Mutter und Tochter mit einem Sack. Sie hatten keinerlei Gepäck. Wir erfuhren, dass sie aus Weißrussland stammten, aus der Stadt Bobruisk. Sie waren vor den Faschisten geflohen – die Truppen marschierten aus einer Richtung in die Stadt ein, und die Einwohner flohen Hals über Kopf in die andere Richtung. Viereinhalb Monate waren sie unterwegs gewesen.

Ganz Tschaldowar sammelte Sachen für sie. Nach einigen Tagen kam das Mädchen – sie hieß Gabi, Gabriela – in unsere dritte Klasse. Sie hatte viel versäumt, und Elja Berg und ich halfen ihr, das aufzuholen. Gabis Mama aber wurde krank, sie hustete die ganze Zeit, die Erkältung ging einfach nicht weg. Im Frühjahr begann sie Blut zu husten, da war klar, dass sie die Schwindsucht hatte.

Gabis Vater war an der Front und wusste eine Zeit lang nicht, wo die beiden waren. Doch schließlich fanden sie sich, der Vater schickte Briefe von der Front, dann aus dem Lazarett. Im Mai kam er nach Tschaldowar. Er war freigestellt worden, aufgrund seiner Verwundung aus der Armee entlassen – ihm fehlten zwei Finger. Ansonsten wirkte er recht gesund. Gabis Mama starb eine Woche nach dem Eintreffen ihres Mannes. Die Leute sagten: Weil sie jetzt wusste, dass sich jemand um das Mädchen kümmern würde.

Drei Tage nach der Beerdigung seiner Frau brachte der Vater Gabi ins Kinderheim. Die Frauen bei uns im Dorf billigten das: »Wie soll ein Mann allein mit einem Kind fertig werden?!« Doch unsere dritte Klasse war damit überhaupt nicht einverstanden und murrte. Für uns stand fest: Er ist zwar ein verwundeter Kommandeur mit Orden, aber trotzdem ein Lump, ein Mistkerl und Faschist. Das sagten wir ihm auch ins Gesicht, wenn wir ihn auf der Straße trafen; wir spuckten ihm hinterher und zielten dabei auf seine blank geputzten Stiefel. Er beschwerte sich beim Schuldirektor, die dritte Klasse hetze gegen einen Frontoffizier.

Erst schimpfte der Pionierleiter mit uns, dann unsere Lehrerin. Wir räumten ein, dass das nicht in Ordnung war, blieben aber bei unserer Meinung: Er sei gemein. Daraufhin wurde eine Elternversammlung einberufen. Die Eltern saßen in den Schulbänken, wir standen an den Wänden. Wieder wurden wir ausgeschimpft, nun auch von den Eltern. Meine Mama verteidigte uns. Sie erinnerte daran, wie schockiert alle im Dorf gewesen waren beim Anblick der beiden halb nackten Wesen auf dem Pferdewagen, wie alle für sie Kleidung gesammelt und ihnen mit Lebensmitteln geholfen hatten, weil der Vater von der Front zwar Briefe geschickt hatte, aber keinen Bezugsschein für Lebensmittel, der den beiden als Angehörigen eines Frontsoldaten eigentlich zustand. Und dass er schließlich sein Kind zur Waise gemacht hatte, indem er es in ein Heim steckte. Vielleicht habe er ja tapfer gekämpft, aber im normalen Leben sei er feige gewesen und vor der Verantwortung zurückgeschreckt.

»Im Grunde ist sein Verhalten niederträchtig«, sagte Mama. »Das haben die Kinder gespürt, eher als wir Erwachsenen.«

Wir durften gehen und flogen nicht von der Schule. Doch
für Mama blieb die Sache nicht folgenlos. Ein paar Tage später kam eine Kommission der Schulverwaltung des Kreises in die Schule und besuchte Mamas Chemieunterricht. Das Thema lautete: Kohlenwasserstoff. Mama wurde entlassen. »Wegen fehlender Würdigung der sozialistischen Wirklichkeit im Chemieunterricht«, lautete die Begründung.

Mama verstand beim besten Willen nicht, welchen Zusammenhang es zwischen der sozialistischen Wirklichkeit und Kohlenwasserstoff geben sollte. Dennoch mussten wir unser Zimmer räumen und Tschaldowar verlassen.

15

Manastschi

Wohin nun und wovon leben?

Na ja, es war nicht das erste Mal. Wir mieteten einen Leiterwagen, luden unsere Sachen auf, spannten die Kuh davor und fuhren zum Sowchos Efironos. Vielleicht würde uns einer unserer alten Bekannten für eine Weile beherbergen?

Wir fanden Unterschlupf auf dem oberen Abschnitt, wo Mama und ich gelebt hatten, bis ich zur Schule kam. Unsere Kuh stellten die Kupranows zu ihrer Kuh in den Stall. Da in der Baracke kein Zimmer frei war, wurden wir in einem leer stehenden Schuppen untergebracht.

Das Schuljahr war fast zu Ende, mein Zeugnis für die dritte Klasse hatte ich in Tschaldowar noch bekommen.

Wir entschieden, wenn Mama im Laufe des Sommers Arbeit auf dem zentralen Gut oder in der Nähe fand, würde ich ab dem Herbst wieder in die Schule gehen, die ich in der ersten und zweiten Klasse besucht hatte. Doch vorerst waren Ferien. Mama klapperte alle möglichen Organisationen im Kreis ab und suchte Arbeit, einstweilen verdiente sie unseren Lebensunterhalt mit dem Nähen. Sie konnte Schnittmuster entwerfen, Stoff danach maßgerecht zuschneiden und Kleider, Blusen oder Trägerröcke nähen. Eine Nähmaschine besaß sie nicht, sie nähte mit der Hand. Ich half ihr dabei. Mit vier Jahren hatte ich gelernt, ordentliche kleine Stiche zu machen, dann hatte mir Uljascha sticken und Strümpfe stopfen beigebracht. Im August 1942 würde ich 11 werden, ich konnte also bereits gut mit Nadel und Faden umgehen. Da Mama immer viel arbeitete, war das Stopfen und Flicken unserer Kleidung schon lange meine Aufgabe.

Morgens trieb Mama unsere Kuh zur Herde, dann ging sie fort. Wenn sie am Abend heimkehrte, brachte sie einen Fladen, ein paar gebackene Rüben oder etwas anderes Essbares mit. Sie hatte in der Sozialverwaltung ihre Invalidenbescheinigung vorgelegt und erhielt, solange sie keine Arbeit hatte, eine kleine Rente. Immerhin ein bisschen Geld.

Dennoch suchte sie weiter Arbeit, und ich überlegte fieberhaft, wie ich ihr helfen, wo und wie ich etwas Geld verdienen könnte. Durch die Dörfer zu ziehen und zu betteln wäre mir peinlich gewesen – schließlich waren wir nicht am Verhungern. Aber was konnte ich? Da fiel es mir ein. Vor unserem Umzug nach Tschaldowar, wo niemand Kirgisisch sprach, hatte Mama, um die Sprache nicht zu vergessen, mehrere Bücher auf Kirgisisch gekauft, darunter das erstmalig gedruckte Epos »Manas«.

Als ich zum ersten Mal einen Manastschi hörte, konnte ich noch nicht richtig Kirgisisch, doch je öfter ich zuhörte, desto mehr verstand ich. Die Melodie hatte ich mir eingeprägt, den Text konnte ich nach dem Buch lernen – und schon wäre ich ein Manastschi.

Ich bereitete mich lange vor.

Eines Tages, als Mama aus dem Haus gegangen war, um Arbeit zu suchen, nahm ich das Buch (ich hatte das Epos zwar auswendig gelernt, aber sicher war sicher!) und machte mich auf den Weg in den kirgisischen Kolchos Kaptal-Aryk, zehn Kilometer in Richtung Berge.

Ein Stück wurde ich von einem Fuhrwerk mitgenommen, das zum oberen Abschnitt unterwegs war. Gegen Mittag erreichte ich den Kischlak. Rechts und links nur Duwals, hohe Lehmmauern, kein Haus zu sehen, auch kein Mensch.

Ein Kirgise ritt an mir vorbei. Ich fragte laut: »Ata, aitu gaida mynda kontora?« (Vater, sag, wo ist hier das Kontor?) Und bekam zur Antwort: »Kant Bala, du bist ja groß geworden!« Er packte mich und hob mich in den Sattel. Meine Güte, das war Sossonbai, das Oberhaupt des kirgisischen Stammes, der im oberen Dorf lebte! Seit er mir den Spitznamen Kant Bala verpasst hatte, nannten mich alle Kirgisen so. Damals hatte er am Tag nach unserer Ankunft zu Mama gesagt: »Um deine Tochter musst du keine Angst haben, jede Jurte wird auf sie aufpassen. Sie kann rumlaufen, wo sie will, niemand wird ihr etwas tun.« Während wir ritten, erzählte ich ihm, dass wir in den Sowchos zurückgekehrt seien, dass Mama keine Arbeit habe und ich den Menschen das Manas-Epos vortragen wolle.

Sossonbai brachte mich zum Kontor, in dem sich mehrere Männer befanden. Er stellte mich vor: »Das ist Kant Bala, ich kenne sie schon lange. Sie ist jetzt ein junger Manastschi. Gehen wir rüber, hören wir sie uns an.«

Gegenüber war eine Teestube. Dort saßen alte Männer, tranken Tee und unterhielten sich. Ihnen und den Mitarbeitern des Kontors sollte ich den ersten Teil des Epos vortragen, dann würden sie entscheiden, ob ich für die Menschen singen könne.

Mir zitterten die Knie: Was für eine Prüfung! Der erste, kürzeste Teil dauert anderthalb Stunden. Wenn ich nun heiser wurde oder es ihnen nicht gefiel?

Sossonbai strich mir über den Kopf und flüsterte: »Hab keine Angst, niemand wird dir etwas tun.«

Wir betraten die Teestube und grüßten.

Der älteste Aksakal wandte sich an Sossonbai: »Wie können wir dir helfen, Vorsitzender?«

»Verehrte Aksakaly, hört euch diesen kleinen Manastschi an. Ich glaube, er singt gut.« Damit stupste er mich nach vorn.

Ich verbeugte mich vor den alten Männern und sprach die Worte, die ich vorbereitet hatte: »Verzeiht mir, verehrte Aksakaly. Echte Manastschi habe ich vor vier Jahren gehört. Die Worte habe ich nach diesem Buch hier gelernt. Hört mir zu und sagt mir, ob ich es richtig mache.«

Meine Beine und Hände zitterten, aber ich holte tief Luft, damit nicht auch meine Stimme zitterte, und sang den ersten Vers in einem Atemzug. Ich blickte zu Sossonbai – er lächelte wohlwollend. Der zweite Vers fiel mir schon leichter. Ich schloss die Augen, um nicht gleich zu erschrecken, falls ich dem strengen Blick eines fremden Zuhörers begegnete, und bemühte mich, nur an Manas zu denken, an seine Heldentaten und die schönen Worte, die davon erzählten. Die schlichte Melodie führte mich von selbst. Die Worte strömten, als wären sie schon immer in mir gewesen. Ich sang und nahm bald niemanden mehr wahr.

Als ich die Augen öffnete, bedeutete mir Sossonbai, ich solle aufhören. Doch ich wollte nicht mitten im Vers abbrechen, also beendete ich ihn und verstummte erst dann. Ich hatte fast eine Stunde lang gesungen. Und sie hatten mir die ganze Zeit zugehört?

»Du kennst das Manas-Lied gut«, sagte ein strenger Alter, der in der Mitte saß. »Woher kommst du?«

»Jetzt aus dem Öl-Sowchos Efironos. Eigentlich komme ich aus Moskau. Aber wir leben schon lange hier …« Dann setzte ich zu meiner eigenen Überraschung hinzu: »Und ich weiß nicht, wie lange wir noch bleiben werden.«

»Warum möchtest du ein Manastschi werden?«

»Ich kann nicht viel, aber ich will Mama helfen, Geld zu verdienen. Also dachte ich mir, ich könnte ja versuchen, von Manas zu singen. Ich weiß, Manastschi sind eigentlich Männer, aber jetzt ist Krieg, alle Männer, die können, sind an der Front …« Ich stockte mitten im Satz: Hatte ich damit nicht die Männer beleidigt, die vor mir saßen? Doch sie hatten mich wohl richtig verstanden und waren nicht gekränkt.

»Ja, du hast recht«, sagte einer von ihnen halblaut, »wer bei Kräften ist, der ist an der Front. Und wir müssen uns Gedanken darüber machen, wie unsere Kinder aufwachsen sollen. Wenn sie das Manas-Lied nicht hören, dann werden sie später nur Lieder über die Sowjetmacht und über den Krieg kennen. Ist das etwa richtig? Du könntest ihnen von Manas vorsingen.«

»Das Mädchen muss in die Schule gehen«, mischte sich ein Kontor-Angestellter ein. »Also kann sie nicht als Manastschi durch die Dörfer ziehen, die Wege von einem Dorf zum anderen sind viele Kilometer lang. Keiner wird ihr erlauben, so weit durch die Steppe zu laufen und noch dazu die Schule zu versäumen!«

Mich überkam Verzweiflung: Ich würde also kein Geld verdienen und Mama nicht helfen können!

Sossonbai lächelte mich an und sagte: »Lass den Kopf nicht hängen. Wir werden nachdenken und uns beraten, setz dich so lange dort hin, du bekommst Tee und einen Fladen.«

Ich beruhigte mich sofort. Sossonbai sagte nie etwas einfach so dahin. Ich setzte mich an einen entfernten Tisch und machte mich freudig über den Tee und den Maisfladen her. Die Männer berieten sich halblaut, dann stand einer von ihnen auf und ging hinaus. Kurz darauf kam er zurück und rief mich an ihren Tisch.

»Du hast sehr gut gesungen«, sagte der Älteste, als ich herantrat, »doch du bist ein Mädchen, außerdem noch klein. Wir können dir nicht erlauben, allein durch die Kischlaks zu ziehen. Aber viele unserer Kinder haben das Manas-Lied noch nie gehört oder kennen es schlecht, nicht so gut wie du. Also haben wir Folgendes entschieden: Du sollst »Manas« singen, aber nicht wie ein Manastschi von Ort zu Ort ziehen. Du wirst in deinem Sowchos wohnen, in die Schule gehen, und einmal im Monat werden dich Menschen aus unserem oder einem benachbarten Kischlak zu sich nach Hause holen, damit du ihren Kindern das Manas-Lied vorsingst. Vielleicht kannst du ihnen mit deinem Buch beibringen, es zu lesen, oder es ins Russische übersetzen. Hier leben ja viele Russen, und wir möchten gern, dass auch sie unser Manas-Lied verstehen. Jeder Kischlak soll selbst entscheiden, was du tun wirst. Auch, wie du dafür bezahlt wirst. Nach Hause gebracht wirst du noch am selben Tag.«

»Und damit sich deine Mama keine Sorgen macht«, ergänzte Sossonbai, »wird immer einer von meinen Leuten mitfahren. An ihrer Seite bist du sicher. Nun müssen wir nur noch sehen, ob deine Mama auch nichts dagegen hat.«

Das bezweifelte ich sehr, schwieg aber lieber. Vielleicht konnte Sossonbai sie überreden?

Inzwischen war Sossonbai aufgestanden. Er verbeugte sich vor den anderen und dankte ihnen für ihre Aufmerksamkeit und dafür, dass sie meine Arbeit so gewürdigt hatten. Ich begriff, dass ich mich verabschieden musste, verbeugte mich ebenfalls und dankte allen.

Wir gingen hinaus. Sossonbai hob mich wortlos in den Sattel und ritt durch den Kischlak. Vor einem Hof hielten wir. Der Duwal versperrte wie üblich die Sicht auf das Dahinter. Sossonbai stieg ab und ging in den Hof. Kurz darauf kam er wieder heraus, in der Hand einen kleinen Sack. Er band ihn an den Sattel, sagte kurz, wir würden nun zu unserem Sowchos reiten, und gab dem Pferd die Sporen.

Wir waren schnell zu Hause. Mama kam uns entgegen, zusammen mit einer Frau, die gerade ein fertiges Kleid abgeholt hatte. Mama begrüßte Sossonbai freudig und wunderte sich nicht, dass ich in seinem Sattel saß – Sossonbai war für die Arbeit der kirgisischen Brigaden in mehreren Sowchosen verantwortlich, man konnte ihm überall begegnen, auf dem oberen Abschnitt, in Kaptal-Aryk und auf dem zentralen Gut des Öl-Sowchos.

Sossonbai stieg ab, hob mich aus dem Sattel und verbeugte sich respektvoll vor Mama.

»Hier, ich bringe dir deine Tochter zurück. Sie ist ein guter Manastschi geworden, ein kluges Kind. Und das ist ihr Verdienst.«

Mama blickte fragend abwechselnd zu mir und zu dem Sack, den Sossonbai vor ihr abgestellt hatte.

»Nimm ruhig, es ist nichts Schlechtes dabei. Kant Bala hat das ehrlich verdient. Jetzt muss sie sich ausruhen, es ist schon Abend. Ich komme morgen wieder, dann reden wir.«

Sossonbai sprang in den Sattel und ritt davon, ehe wir uns besannen.

Mama blickte von mir zu dem Sack und wieder zu mir. Schließlich hatte sie die Sprache wiedergefunden.

»Elja, was ist das?«

»Ich weiß nicht. Hat mir Sossonbai gegeben.«

»Wie – ›ich weiß nicht‹? Wo hast du ihn getroffen?«

»Mamotschka, reg dich nur nicht auf«, begann ich, und Mama griff sich ans Herz.

»Was ist passiert?«, fragte sie mit heiserer Stimme.

Ich musste schnell alles erzählen, bevor sie noch mehr erschrak.

»Nichts ist passiert. Ich war in Kaptal-Aryk, und da habe ich Sossonbai getroffen. Ich wollte versuchen, als Manastschi zu arbeiten. Die Aksakaly dort haben mir zugehört und mich gelobt.« Als ich sah, dass Mamas Gesicht wieder seine normale Farbe annahm, eilte ich zu unserer Behausung, wobei ich mit einer Hand Mama hinter mir herzog, mit der anderen den Sack über den Boden schleifte. »Komm, ich erzähl dir alles!«

In aller Ausführlichkeit erzählte ich von meiner Reise, Mama hörte zu und stellte keine einzige Frage. Dann öffnete ich stolz den Sack, um zu sehen, was ich verdient hatte. Der Sack enthielt etwa einen Eimer Mais und mehrere frische Fladen. Mama schüttelte nur fassungslos den Kopf.

»Also, Elja, ich weiß gar nicht, was ich sagen soll! Ob ich lachen soll oder weinen ... Wie konntest du dich auf ein solches Abenteuer einlassen, ohne dich wenigstens mit mir zu beraten?«

Ich war verwirrt. Offenbar war Mama unzufrieden.

»Mama, ich wollte doch helfen ... Damit du nicht allein Geld verdienen musst. Das ist ja nicht für immer, nur, bis du Arbeit gefunden hast. Und du hättest es mir vielleicht nicht erlaubt, dabei ist doch nichts Schlechtes daran, von Manas zu singen!«

»Natürlich hätte ich es dir nicht erlaubt. Ist das zu fassen – durch die Kischlaks ziehen und das Manas-Lied singen, und dann auch noch vor Kirgisen! Sie kennen ihr Epos viel besser als du!«

»Eben nicht! Der Aksakal hat gesagt, die Kinder kennen es schlecht, nicht so gut wie ich. Und er will nicht, dass die Kinder nur Lieder über die Sowjetmacht lernen. Darum wollen sie mir erlauben, dass ich herumfahre und das Manas-Lied singe oder mit den Kindern das Buch lese. Nur, wenn du es erlaubst«, setzte ich mit matter Stimme hinzu, weil mir Sossonbais Worte einfielen.

»Denk nicht einmal daran«, sagte Mama streng, doch als sie die Verzweiflung in meinen Augen sah, lenkte sie ein: »Aber Sossonbai will ja morgen herkommen, über alles reden. Dann höre ich mir an, was sie sich da ausgedacht haben.«

Am nächsten Tag erfuhr Mama, dass der Sohn einer älteren Mitarbeiterin der Rohstoffannahme auf dem zentralen Gut schwer verwundet worden sei. Er liege in Kostroma im Lazarett, und seine Mutter werde zu ihm fahren. Wir seufzten tief: Sie hat es gut, sie ist frei, sie kann nach Russland, und ihr Sohn ist am Leben, wenn auch verwundet … Wir dagegen wussten nichts von Papa und konnten nicht nach Hause zurückkehren … Doch die Nachricht bedeutete auch, dass auf dem zentralen Gut eine Stelle in der Rohstoffannahme frei wurde

und Mama sie vielleicht bekommen konnte.

Mama fuhr sofort zum zentralen Gut. Der Sowchos-Direktor mochte die Verbannten zwar nicht sonderlich, erinnerte sich aber, dass Mama eine gute Arbeitskraft war, und stellte sie ein. Die Arbeit in der Rohstoffannahme entsprach zwar keineswegs Mamas Qualifikation, doch sie hatte keine Wahl. Die Anordnung, dass Verbannte nicht als Angestellte arbeiten durften, war noch in Kraft, und nach der Entlassung aus der Schule in Tschaldowar würde keine andere Schule Mama einstellen.

Wieder stand uns ein Umzug bevor. Das einzig Erfreuliche daran war, dass wir an einen Ort zurückkehrten, wo uns viele kannten und mochten, wo mir die Schule vertraut war und ich meine alten Freunde wiedersehen würde. Sossonbai, der am nächsten Tag kam, hörte sich unsere Neuigkeiten an, half uns packen und eine Transportmöglichkeit finden, mit der wir unsere Habe zum zentralen Gut bringen konnten. Wir verließen den oberen Abschnitt. Mama hatte nun Arbeit, ich kehrte in meine alte Klasse zurück, und die Geschichte, die Mama später, wenn sie davon erzählte, »Kant Bala als Manastschi« nannte, wurde nicht fortgesetzt.

16

Bei den Pionieren

Inzwischen war das Jahr 1942 angebrochen. Der noch immer andauernde Krieg erreichte uns nur als Widerhall: in Form von Gefallenenmeldungen, Lebensmittelmangel und neuen Gruppen von Evakuierten. Den Angriff der Faschisten auf Moskau hatte unsere Armee gestoppt, doch noch immer tobten im halben Land erbitterte Kämpfe. Die Erwachsenen verfolgten besorgt die Belagerung des fernen Leningrad, und im Juli erfuhren wir von der Aufgabe der Stadt Sewastopol, die sich lange verteidigt hatte.

Jeder, der in Kara-Balty zu tun hatte, brachte von dort Neuigkeiten mit: Im Ort gab es jetzt sehr viele Evakuierte und aus dem Kaukasus ausgesiedelte Tschetschenen und Karatschaier. Die Preise auf dem Basar stiegen ins Unermessliche. Geld war praktisch nutzlos geworden, der gesamte Handel basierte auf Naturalientausch. Es hieß, bei uns sei es noch besser als anderswo, wir hätten Gemüsegärten, manche hielten Schafe, bekämen Eier von eigenen Hühnern und ließen Enten in der Steppe weiden, in Kara-Balty dagegen werde schon richtig gehungert. Dort besaßen zwar alle Lebensmittelkarten, doch nicht immer bekam man dafür tatsächlich Lebensmittel.

Bald nach unserem Umzug ging ich wieder zur Schule. Die Freude über das Wiedersehen mit den alten Freunden und Mitschülern dämpfte das Gefühl von Krieg und Angst, obwohl die Berichte von der Front noch wenig Zuversicht weckten und die Versorgung mit Lebensmitteln und Kleidung immer schlechter wurde. Was die Ernährung anging, konnte man nur auf das hoffen, was hier wuchs, auch in den Gemüsegärten. Doch dieser Sommer war im Gegensatz zu dem vom Vorjahr trocken gewesen, die Ernte war bei allen karg ausgefallen, und wir hatten gar keinen Garten – was wir angepflanzt hatten, war in Tschaldowar geblieben.

158 Ich wurde größer, ich war ständig hungrig, und Kleidung und Schuhe waren erst recht nirgendwo zu bekommen, auch nicht, wenn man gut verdiente – in den Geschäften gab es einfach nichts, weder bei uns im Sowchos noch in Kara-Balty. Darum kamen nach wie vor viele zu Mama, ließen sich Sachen nähen, ändern und umarbeiten und bezahlten mit dem, was sie hatten: Gemüse aus dem Garten, einem Huhn oder Kleidungsstücken.

Konnte man Kleidung immerhin durch Ansetzen von Stoff länger machen oder ein zu großes Kleidungsstück umändern, so waren Schuhe einfach eine Katastrophe. Mama überlegte fieberhaft, was ich im Winter anziehen sollte, denn über den Sommer war ich aus allem herausgewachsen. Eine Lösung kam ganz überraschend, wie so oft. Kaum hatte Mama einer Nachbarin beiläufig geklagt, dass ihre Tochter so schnell wachse und ihr nichts mehr passe, da brachte uns am nächsten Tag jemand neue Lederstiefel, aus denen der Sohn von irgendwem herausgewachsen war, ehe er sie abgetragen hatte. Kurz darauf besaß ich auch noch neue, warme Filzstiefel mit Ledersohle – gegen die Kälte – und bunt bestickte weiche Schnabelpantoffeln. Mama wollte die neuen Sachen auf keinen Fall umsonst annehmen, doch die Nachbarn erwiderten: Wenn du unseren Alten lesen beibringst und allen beim Schreiben hilfst, nimmst du da etwa Geld? Nein. Können wir dann nicht mal Schuhe für dein Kind machen? Also nimm sie, kränke uns nicht!

Im Oktober wurden wir Viertklässler auf die Aufnahme in die Pionierorganisation vorbereitet. Wir lernten die Gebote der sowjetischen Pioniere und Pionierlieder. Bei der ersten Versammlung hieß es, ein Pionier sei ein Vorbild für alle Kinder, nur die Besten könnten Pionier werden. Wir waren stolz und lernten einen richtigen Pionierknoten binden, den wir zuvor mühsam mit den Kopftüchern unserer Mütter geübt hatten.

Schließlich kam der feierliche Tag. Es war der Vorabend des 7. November, des Jahrestages der Oktoberrevolution. Wir mussten im großen Flur in einer Reihe antreten, uns gegenüber stand eine Reihe Pioniere der siebten Klasse. Ein Hornsignal ertönte, die Fahne wurde hereingetragen. Die Pionierleiterin hielt eine Rede: Wir seien nun nicht mehr einfach nur Kinder und nicht mehr einfach nur sowjetische Schüler, wir seien nun Pioniere, und die müssten in allem die Besten sein, müssten unsere kommunistische Partei unter Führung des Genossen Stalin im Kampf für die lichte Zukunft der Menschheit unterstützen, an den Sieg über den Feind glauben und mit ausgezeichneten Lernergebnissen und guter Arbeit unserem kämpfenden Land helfen. Dann sprach sie das feierliche Gelöbnis, und wir alle sprachen es ihr nach: »Ich, ein junger Pionier der Union der Sozialistischen Sowjetrepubliken, gelobe vor meinen Kameraden feierlich, dass ich fest für die Sache der Arbeiterklasse im Kampf für die Befreiung der Werktätigen in der ganzen Welt und für den Aufbau des Sozialismus einstehen werde. Ich werde das Vermächtnis Lenins ehrlich und unbeirrt erfüllen und nach den Geboten der jungen Pioniere handeln.«

Die Siebtklässler, die in diesem Jahr in den Komsomol* eintreten würden, banden uns das rote Halstuch um. Von nun an durften wir uns nicht mehr ohne in der Schule blicken lassen.

* Abk. (russ.) Kommunistitscheski sojus molodjoshi – Kommunistischer Jugendverband (Anm. d. Übers.).

Es folgte der Gruß: »Junge Leninpioniere! Zum Kampf für die Sache Lenins und Stalins – seid bereit!«

»Immer bereit!«, antworteten wir, nicht sehr harmonisch, aber aufrichtig, und hoben die Hand zum Pioniergruß. Einige Kinder trugen Gedichte vor, die Verse vom roten Halstuch, die jeder Pionier kannte, »Ich hüte mein Halstuch, wo immer ich bin, es leuchtet die rote Fahne darin«, und noch einige ernste Gedichte über den Krieg und den künftigen Sieg. Die Schuldirektorin sprach vom großen und gerechten Vater aller Völker, unter dessen Führung wir die Feinde auf jeden Fall besiegen würden, und dann würde das allgemeine und gerechte Glück anbrechen.

Plötzlich war meine feierliche Stimmung dahin. Mich quälten Fragen, auf die ich keine Antwort wusste. Ich musste bis zum Abend warten und sie Mama stellen, doch bis zum Abend war es noch weit, und die Gedanken beschäftigten mich jetzt. Gedanken, die mich betrübten: Alle freuten sich so über die Aufnahme in die Pionierorganisation, ich aber dachte … Ich dachte an Papa, an Mama und mich, an Elja Berg und an alle Deutschen, die von ihrer geliebten Wolga wegmussten und die doch nicht schuld daran waren, dass der dumme Hitler die UdSSR überfallen hatte. Wo war denn da der gerechte Stalin, wenn das alles geschah?

Die Direktorin sprach noch immer, und plötzlich entstand am Ende unserer Reihe Bewegung. Ich schaute hin. Altynbek, der gemeine, widerwärtige Sohn eines Brigadiers, zog die kleine Frieda Sluzker, ein Flüchtlingskind aus der Südukraine, am Zopf. Er glaubte immer, weil sein Vater Natschalnik war, wenn auch kein großer, könne ihm nichts passieren. Die eingeschüchterte Frieda schwieg, biss die Zähne zusammen und versuchte, nicht zu weinen. Altynbek wusste, dass sie sich nicht wehren und sich nicht beschweren würde. Während ich noch schwankte, ob ich aus der Reihe laufen und Altynbek schubsen oder ihn lieber hinterher verprügeln sollte, flog er plötzlich mit der Nase voran auf den Boden und hätte beinahe Frieda mitgerissen. Sapkos, der in der Nähe stand, hatte sich hinter dem Rücken seines Nachbarn zu Altynbek gereckt und ihm eine Ohrfeige verpasst.

Die Pionierleiterin stürzte zu Altynbek und half ihm auf.

»Wer war das?«, fragte die Direktorin drohend. »Ihr seid gerade Pioniere geworden! Ihr müsst die Besten sein, und da wagt es jemand, einen Kameraden zu schlagen! Wir müssen ihn umgehend verurteilen! Wer hat das getan, will ich wissen!«

»Ich!« Sapkos trat einen Schritt vor.

»Du?! Der Sohn eines so angesehenen Mannes?! Wie konntest du?!« Die Direktorin war ein wenig ratlos. Sie kannte die Menschen der umliegenden Sowchose und ihr Verhältnis zueinander gut und konnte sich offensichtlich nicht entschließen, den Sohn von Sossonbai, dem angesehensten Mann der Gegend, vor versammelter Mannschaft zu tadeln.

»Ich werde … wieder … wenn's sein muss …« Vor Erregung hatte Sapkos Mühe, die richtigen Worte auf Russisch zu finden, und wechselte ins Kirgisische. »Ein Kirgise schlägt keinen Schwächeren, und er schlägt keine Frau. Das verletzt die Würde eines Kirgisen. Mein Vater sagt, ich darf meinen Schwestern nicht wehtun. Frieda ist schwach, sie kann sich nicht wehren, und er hat sie am Zopf gezogen, sie weint fast … Darf man das denn? Wir haben Krieg, und Frieda kann nichts dafür, dass sie jetzt hier ist …«

»Für das erste Mal«, sagte die Direktorin auf Russisch streng, »werde ich darauf verzichten, euch alle zu bestrafen. Aber ihr dürft nie vergessen, dass ihr Pioniere seid. Und ein Pionier schlägt keinen Kameraden. Er muss ihm erklären, was er falsch gemacht hat. Das lehrt uns Genosse Stalin!«

In diesem Moment dachte ich: Wäre ich jetzt anstelle von

Sapkos, würde mir ein Tadel blühen, wenn nicht gar der Ausschluss aus der Pionierorganisation. Aber es war richtig von Sapkos, Altynbek zu ohrfeigen, denn dem kann man nichts erklären, Worte versteht der sowieso nicht.

Die Pionierleiterin beendete hastig die Versammlung. Das Hornsignal ertönte, wir gingen in Reih und Glied in unsere Klasse und wurden nach Hause geschickt.

Meine Stimmung war endgültig verdorben. Ich wollte schnell fort, um mit niemandem reden zu müssen. Zu Hause setzte ich mich finster in eine Ecke und wartete auf Mama. Ich mochte nichts essen und auch nichts tun. Ich legte nicht einmal das Pioniertuch ab und auch nicht das Kleid, das ich in der Schule getragen hatte, obwohl ich das immer sofort tun sollte – es war mein einziges gutes Kleid und musste geschont werden.

Mama kam. Ich sah an ihrem Gesicht, dass sie mir gratulieren wollte. Sie wusste, wie sehr ich diesen Tag herbeigesehnt hatte.

Doch als sie mich ansah, verstummte sie mitten im Wort, zog sich schweigend aus, stellte den Teekessel auf, setzte sich neben mich und fragte erst dann: »Na, was ist los? Du bist Pionier geworden. Freust du dich denn nicht?«

»Warum kann ich mich nicht einfach freuen wie die anderen? Mir kommen ständig alle möglichen Fragen in den Sinn. Und warum lernen wir dauernd, ein Pionier sei der Beste und ein Vorbild für alle, und dann werden alle gleichzeitig aufgenommen, auch die schlechten Schüler und sogar der widerliche Altynbek?«

»Also, wenn du jemanden nicht magst, ist das noch kein Grund, ihn nicht aufzunehmen. Egal, ob er widerlich ist.«

»Aber er ist gemein und feige. Er ärgert immer nur die Schwachen, die sich nicht wehren. Die Stärkeren rührt er nicht an! Was ist das denn für ein Pionier?«

»Ja, es heißt, nur die Besten sollten Pioniere werden«, sagte Mama nachdenklich. Ich hatte den Eindruck, dass sie nach einer Erklärung suchte, aber keine fand. »Weißt du, früher war das tatsächlich so. Schon vor der Revolution gab es solche Kindergruppen, sie nannten sich »Pfadfinder«. Darin wurde aufgenommen, wer anderen helfen, sich um Schwache kümmern, etwas für die Gesellschaft tun und dafür etwas lernen wollte. Später, nach der Revolution, entstanden die Pioniergruppen, die waren fast genauso. Sie hatten natürlich andere Ideale, kommunistische, aber sie waren ähnlich. Anfangs wurden nicht alle bei den Pionieren aufgenommen, doch irgendwann hat es sich eingebürgert, dass die ganze Klasse aufgenommen wird. Wahrscheinlich glaubt man, wenn man einen weniger guten Menschen aufnimmt, wird er sich vielleicht bessern wollen.«

Mamas Worte klangen nicht sehr überzeugend, doch ich war gewohnt, ihr zu glauben. Wenn sie es sagte, war es bestimmt so. Aber jetzt beschäftigte mich etwas anderes noch mehr.

»Mama, alle sagen, der Genosse Stalin ist so gerecht und weise, und wenn der Krieg vorbei ist, dann beginnt das allgemeine Glück. Heißt das, dann kommt auch Papa wieder und wir werden aus der Verbannung entlassen? Und Elja Berg und ihre Familie dürfen wieder zurückkehren in ihre Stadt …, die mit dem schwierigen Namen, ich hab ihn vergessen … Aber wenn Stalin wirklich gerecht ist – weiß er einfach nicht, wie viele Menschen in den Lagern sitzen wie unser Papa? Du hast doch gesagt, dort sind viele wie er, Unschuldige.«

»Ach, Elja, so viele Fragen auf einmal! Die Stadt, aus der die Deutschen vertrieben wurden, heißt Engels. Natürlich bedeutet es schon allgemeines Glück, wenn der Krieg endlich vorbei ist, aber das wird wohl nicht so bald sein. Was uns beide erwartet und Papa und viele andere wie uns, das weiß heute noch niemand. Wir müssen uns gedulden und warten. Jetzt geht es vor allem darum, dass der Krieg gewonnen wird. Was Stalin angeht – das kann ich dir nicht beantworten. Ich habe ihn ja nie gesehen und nie mit ihm gesprochen. Wie kann ich da sagen, ob er wirklich weise und gerecht ist? Denn nur, wenn man mit einem Menschen gesprochen und ihm in die Augen gesehen hat, versteht man, wie er wirklich ist.«

»Du hast doch oft gesagt: Einen Menschen erkennt man an seinen Taten!«

»Ja, du hast recht. Geht man danach, fällt das Urteil nicht so gut aus. Wenn er nicht weiß, was vorgeht, ist er kein sehr weiser Führer. Wenn ein Sowchosdirektor nicht weiß, was in seinem Sowchos geschieht, kann er ihn nicht richtig leiten, schließlich trägt er für alles die Verantwortung. Genauso ist das auch mit dem Staat. Wenn aber Stalin doch alles weiß, es aber nicht beenden kann oder will, ist er vielleicht gar nicht so gerecht? Mag sein. Das Schlimme ist: Wir wissen es nicht. Und werden es womöglich nicht sehr bald erfahren. Weißt du, uns beiden bleibt nur eines: Nichts auf Treu und Glauben hinzunehmen, keine großen Worte, keine Losungen, keine Anschuldigungen oder Lobpreisungen, sondern mit unserem eigenen Kopf zu denken und auf unser Herz zu hören. Das Herz trügt nicht.«

»Wie – auf das Herz hören? Es schlägt doch bloß.«

»Das sagt man, wenn sich etwas nicht in Worte fassen lässt. Erinnerst du dich, wie du gefragt hast, warum die Kupranows verbannt wurden? Ich habe dir damals erklärt, dass alle wohlhabenden Bauern, die einen großen, gut geführten Hof besaßen, nach der Revolution zu Volksfeinden und Ausbeutern erklärt wurden. Tausende Menschen im ganzen Land wurden mit dem kränkenden Wort ›Kulaken‹ bezeichnet und ›entkulakisiert‹. Du hast mir zugehört und gefragt: Aber sie sind doch gute Menschen, sie haben allen geholfen, auch uns, und sie arbeiten gut und ehrlich, wieso sind sie Feinde? Das bedeutet, auf sein Herz hören: Deine Ohren hören ›Volksfeind‹, doch dein Herz glaubt das nicht, es fühlt, dass es nicht stimmt.«

»Warum glauben es dann so viele? Haben sie etwa kein Herz?«

»Die Menschen, die das glauben, sind meist nicht gewohnt, selbst zu denken, ihnen mangelt es an Wissen … oder am Mut zum Selberdenken. Schließlich ist es viel einfacher, zu glauben, was man dir sagt, und einfach zu tun, was man dir befiehlt … Siehst du«, sagte Mama und holte Luft, »du verstehst langsam immer mehr und hast genug Stoff zum Nachdenken. Machen wir jetzt Abendessen?«

»Ja!«

17

Der schwere Winter 1943

Das Schuljahr ging seinen Gang. Zu Beginn des dritten Quartals bekamen wir eine neue Lehrerin. Wohin die verschwunden war, die uns seit der ersten Klasse unterrichtet hatte, wussten wir nicht. Sie kam einfach nach den Ferien nicht mehr zur Arbeit, und auch im Ort wurde sie nicht mehr gesehen.

Die neue Lehrerin gehörte zu den Evakuierten und war gerade erst aus Kara-Balty hergezogen, um an unserer Schule zu unterrichten. Am ersten Tag fragte sie uns streng, was wir in den einzelnen Fächern durchgenommen hätten, wo wir stehen geblieben seien, was unsere alte Lehrerin uns vorgelesen und erzählt habe. Sie forderte uns auf, am nächsten Tag alle unsere Schulbücher und Hefte mitzubringen. Hefte waren rar – jeder benutzte, was er gerade fand. Wir schrieben auf den Rückseiten alter Formulare aus dem Kontor, nähten Hefte aus Packpapier und zogen mit einem Lineal Linien auf den Seiten. Auf solchem Papier ließ sich schlecht schreiben – die Tinte zerlief, die Buchstaben sahen aus wie haarige Raupen oder wie Igel. Unsere Schulbücher waren alt, sie stammten aus der Vorkriegszeit und wurden Jahr für Jahr von den Älteren an die Jüngeren weitergegeben. Während des Krieges gab es nirgends Schulbücher zu kaufen, jedenfalls nicht in unserem Sowchos. Man konnte welche eintauschen oder für wenig Geld jemandem abkaufen, der sie nicht mehr brauchte. Manchmal teilten sich zwei oder sogar drei Schüler ein Buch und machten die Hausaufgaben der Reihe nach.

Ich zum Beispiel besaß kein Russischbuch und schrieb die Übungen für zu Hause immer gleich nach dem Unterricht aus dem Buch meiner Banknachbarin ab. Und zu einem Geschichtslehrbuch kam ich durch Tausch: Die älteste Tochter unserer Nachbarin ging in die siebte Klasse, die jüngste in die zweite. Schon im Herbst hatten wir erfahren, dass sie kein Mathebuch für die Jüngste besaßen, dafür aber noch ein Geschichtsbuch für die dritte und vierte Klasse, nach dem die Ältere vor dem Krieg unterrichtet worden war. Wir gaben ihnen mein Mathebuch aus Tschaldowar und bekamen dafür das Geschichtsbuch. Es war gut erhalten, und ich versprach, es im nächsten Jahr zurückzugeben, damit auch die jüngere Schwester danach lernen konnte.

Am nächsten Tag überprüfte die Lehrerin unsere Schulbücher und ließ uns die Geschichtsbücher auf bestimmten Seiten aufschlagen. Sie ging durch die Bankreihen, schüttelte den Kopf … Alle Bücher waren alt, manche ordentlich und sauber wie meins, andere voller Tintenflecke. Maria Michailowna diktierte uns die Seitenzahlen, auf denen mit Tinte die Namen und Fotos der Revolutionsführer übermalt sein sollten, die jetzt als Volksfeinde galten. Bei wem das noch nicht geschehen sei, der solle das zu Hause erledigen, um keine Unterrichtszeit zu vergeuden.

Zu Hause nahm ich Federhalter und Tintenfass und öffnete das Buch auf den angegebenen Seiten. Von den Fotos schauten mich die Marschälle Blücher und Tuchatschewski* an. Blücher war ein berühmter Bürgerkriegsheld gewesen, auch über Tuchatschewski standen in dem Buch ein paar Worte. Dieser Text und die Namen sollten ebenfalls übermalt werden. Plötzlich erinnerte ich mich an die Geschichte der abgehängten Porträts in der Galerie von 1812, die Mama mir erzählt hatte. Nach dem Dekabristenaufstand waren die Porträts jener Helden des Vaterländischen Krieges entfernt und vernichtet

* Hier handelt es sich um eine fehlerhafte Erinnerung, in Wirklichkeit ging es um die Fotos von Alexander Jegorow und Wassili Blücher.

worden, die an der Verschwörung beteiligt waren. Außerdem musste ich an Barclay de Tolly denken, den großen Feldherrn, dem vorgeworfen worden war, er habe den Rückzug der russischen Truppen aus böser Absicht befohlen, weil er ein Feind des russischen Volkes sei. Nein, ich durfte die Gesichter nicht mit Tinte beschmieren … Das war irgendwie nicht richtig. Als ich noch klein war, hatte Papa einmal zu mir gesagt, Porträts zu beschmieren, das sei, als würde man ein lebendiges Gesicht beschmutzen.

Und wer weiß, vielleicht waren sie ja genau wie wir? Vielleicht waren sie gar keine Volksfeinde, sondern nur verleumdet worden? Nein, ich würde das nicht tun. Ich wollte mich am Abend mit Mama beraten.

Ich setzte mich an die Hausaufgaben.

Als Mama kam, beschäftigten mich ganz andere Dinge: Ich musste sie nach ihren Neuigkeiten ausfragen und ihr erzählen, dass der verwundete Sohn der Schulpförtnerin von der Front ins Dorf gekommen war. Er hatte früher eigentlich nicht im Öl-Sowchos gelebt, sondern in Kaptal-Aryk, dort hatte er die Sowchosherde gehütet. Doch nun hatte er ein Bein verloren und war zu seiner Mutter gezogen, denn auf Krücken konnte er nicht mehr als Schäfer arbeiten. Aber bei uns im Sowchos gab es keine Arbeit … Kurz, über all diesen Gesprächen vergaß ich die Sache mit den Porträts.

Am nächsten Tag hatten wir in der ersten Stunde Geschichte. Die Lehrerin ließ uns die Bücher aufschlagen und wollte sich überzeugen, dass die Fotos und Namen sorgfältig mit Tinte übermalt waren. Tja … Auch ich schlug mein Buch auf, und darin waren beide Fotos unangetastet. Die Lehrerin blieb neben meiner Bank stehen und musterte mich streng.

»Nudolskaja, ich hatte doch gesagt, ihr sollt die Bilder der Volksfeinde schwärzen. Hast du das etwa vergessen?«

Ich stand auf.

Alexander Jegorow

Wassili Blücher

»Kurzer Lehrgang der Geschichte der UdSSR. Lehrbuch für die 3. und 4. Klasse« (Redaktion A. Schestakow, Moskau, 1937).
Die Fotos von Alexander Jegorow und Wassili Blücher sind mit den Aufschriften »Volksfeind« und »Dem Hund einen hündischen Tod« beschmiert. Originale aus der Zeit. (Das Buch gehörte nicht Stella.)
Mahnung an alle Schüler, Zitat von S. 208: »Doch solange die UdSSR von Ländern umgeben ist, in denen die Kapitalisten herrschen, werden Spione und Schädlinge nicht aufhören mit ihren Versuchen, in unser Land einzudringen und uns Schaden zuzufügen. Wachsamer muss das Auge des Arbeiters und des Bauern sein. Wachsamer müssen alle Bewohner des Sowjetlandes die Grenzen schützen – alle, Groß und Klein. Spione dringen in Betriebe und Fabriken ein, in große Städte und Dörfer. Jede verdächtige Person muss aufmerksam beobachtet werden, um faschistische Agenten zu entlarven.«

»Ich hab’s nicht vergessen.«

»Was heißt das? Stell dich gefälligst gerade hin und antworte im ganzen Satz.«

»Nein, Maria Michailowna, ich habe es nicht vergessen, aber ich … ich konnte es nicht tun.«

»Wie bitte?«

»Als ich noch klein war, habe ich mal ein Porträt in einem Buch bemalt, und da hat mein Papa gesagt, ein Porträt mit Bleistift zu beschmieren, das ist das Gleiche, als würde man einem Menschen Dreck ins Gesicht werfen.«

»Aha, soso … Das hat dein Papa gesagt … Aber das sind nicht irgendwelche Gesichter, das sind Volksfeinde. Verurteilt von einem sowjetischen Gericht! Gegen die Feinde unserer sozialistischen Heimat müssen wir unerbittlich sein, besonders jetzt, da unser Land gegen einen äußeren Feind kämpft, gegen die faschistischen Eroberer. Und wir müssen wachsam sein, denn auch die inneren Feinde und ihre Helfershelfer schlafen nicht, sie versuchen, uns von innen zu schaden, um uns in diesem Krieg zu schwächen! Weiß dein Papa das etwa nicht?«

Ich stand mit gesenktem Kopf da und schwieg. Ich wollte ihr nicht sagen, dass ich Papa schon viele Jahre nicht gesehen hatte und nicht einmal wusste, wo er ist. Und schon gar nicht wollte ich ihr mitteilen, dass auch er als Volksfeind galt. Ich überlegte, was ich sagen würde, wenn sie mich aufforderte, am nächsten Tag mit Mama in die Schule zu kommen.

»Sie ist bestimmt selber ein Volksfeind! Sie ist doch eine Verbannte!«, rief plötzlich jemand von hinten. Ich zuckte zusammen und hob den Kopf. Mein Blick traf auf die riesigen schwarzen Augen von Frieda, die sich von der ersten Reihe zu mir umgedreht hatte, und ich sah: Sie begriff sehr gut, warum ich die Fotos nicht beschmiert hatte. Mir wurde ein wenig leichter – ich war nicht allein. Ich musste mich nicht umdrehen, um zu wissen, von wem der Ausruf gekommen war, ich wusste es auch so: von Altynbek.

Die Lehrerin musterte mich forschend.

»Na schön. Setz dich und denk über meine Worte und über dein Verhalten nach. Wir reden später darüber. Und jetzt, Kinder, schlagen wir das Buch auf, den Abschnitt …«

Ich kannte den Schulalltag schon gut genug, um zu wissen: Die Ankündigung einer späteren Aussprache würde nicht einfach so in Vergessenheit geraten. Ich musste mich auf einiges gefasst machen. Die Frage war nur, ob ich Mama davon erzählen sollte und, wenn ja, ob jetzt gleich oder erst später, wenn ich wusste, *was* mich erwartete und ob man sie in die Schule bestellen würde. Natürlich sollte ich es eigentlich gleich erzählen, wenn ich mich schon vorher nicht mit ihr beraten hatte. Aber sie hatte im Moment so viele Sorgen, und sie arbeitete so viel, sie nähte sogar noch nachts, denn in der Rohstoffannahme verdiente sie nur wenig, und weil wir keine eigenen Lebensmittel hatten, musste sie außerdem ständig irgendetwas beschaffen … Nein, es wäre eine Schweinerei, Mama mit solchem Unsinn zu behelligen. Aber hätte ich die Fotos einfach beschmieren sollen? Das wäre auch unredlich gewesen. Vielleicht waren die Marschälle ja völlig unschuldig?

In der Pause kam Frieda zu mir.

»In meinem Buch sind die Bilder übermalt. Wer war denn drauf?«, fragte sie leise.

»Die Marschälle Blücher und Tuchatschewski. Da stand, dass sie die ersten Marschälle der Sowjetunion waren und dass sie im Bürgerkrieg heldenhaft gekämpft haben, zusammen mit Budjonny und Woroschilow. Und jetzt heißt es, sie sind Volksfeinde.«

»Glaubst du das?«, fragte Frieda flüsternd und setzte nach kurzem Schweigen hinzu: »Ich weiß nicht, ob ich das glauben soll. Gute Freunde von Großvater bei uns in der Stadt, die waren plötzlich auch Volksfeinde. Aber Großvater hat gesagt, das ist ein Fehler, denn Moissej Fjodorowitsch und seine Frau waren wunderbare Ärzte, alle in der Stadt kannten sie. Es kann nicht sein, dass sie Spione waren.«

Ich runzelte die Stirn und schwieg. Natürlich hätte auch

ich gern offen mit Frieda gesprochen, aber ich erinnerte mich: Niemals und mit niemandem, außer mit Mama, sonst könnte das schlimme Folgen haben, nicht nur für mich. Frieda glaubte offenbar, ich sei wegen der Sache mit dem Geschichtsbuch bekümmert, und wechselte das Thema.

»Sie werden natürlich mit dir schimpfen, aber widersprich nicht, sonst wird's nur schlimmer. Einfach zuhören und nicken. Meine Großmutter hat immer gesagt, ein kluger Mensch streitet nicht sinnlos, aber er handelt, wie er es für richtig hält.«

»Lebt deine Großmutter auch bei euch? Ich habe sie noch nie gesehen. Und dein Großvater?«

Friedas Lippen fingen an zu zittern.

»Sie leben nicht mehr … Großvater ist kurz vor dem Krieg gestorben. Und Großmutter … die Deutschen haben sie verbrannt … zusammen mit den anderen.«

»Wie verbrannt? Warum?«

»Alle Juden, Alte, Frauen und Kinder, wurden in einer großen Scheune zusammengetrieben, eingesperrt und verbrannt. Ein paar Leute in unserem Dorf hatten den Faschisten verraten, wer Jude ist.«

»Und ihr?«

»Großmutter hat wohl etwas gewusst … Oder geahnt. Sie hat Mama, meinen kleinen Bruder und mich in den Wald geschickt, Pilze sammeln, und anschließend sollten wir bei den Fjodorows in einem entfernten Weiler vorbeischauen. Wir sollten reichlich zu essen mitnehmen und uns warm anziehen. Mein kleiner Bruder hat genörgelt, er wollte nicht in die Pilze, und ihm war heiß in den warmen Sachen. Aber Großmutter hat streng gesagt: ›Quengle nicht, du bist doch ein Mann, es muss sein!‹ Also sind wir gegangen. Und sie ist geblieben. Sie wurden alle verbrannt.«

»Warum ist sie nicht mit euch gegangen?«

»Sie war krank, ihre Beine wollten nicht mehr recht, sie konnte schlecht laufen. Wahrscheinlich hatte sie Angst, dass wir mit ihr nicht weit kommen würden. Das ist mir heute klar. Damals dachte ich, wir sollten wirklich Pilze sammeln.«

»Aber wie konnte deine Mama weggehen?! Und sie alleinlassen? Hat sie nichts gewusst?«

»Doch, vielleicht. Aber bei uns ist es streng. Großmutter war ihre Schwiegermutter, Papas Mama, und der Schwiegermutter widerspricht man nicht. Was sie sagt, wird gemacht. Mama konnte sich auch mit niemandem beraten, Papa war an der Front …«

»Warte mal, das verstehe ich nicht. Warum haben die Faschisten alle friedlichen Einwohner verbrannt?«

»Nicht alle. Nur die Juden. Den Russen und Ukrainern ist nichts passiert. Den Polen angeblich auch nicht. Aber das weiß ich nicht genau, wir haben es ja nicht gesehen, das haben uns später Leute aus den Weilern erzählt.«

»Warum nur die Juden?«

»Sag bloß, das weißt du nicht?!« Frieda war so erstaunt, als wäre die Tötung von Juden nichts Neues und Unbegreifliches.

»Nein … In den Frontmeldungen wird darüber nicht berichtet, und Zeitungen haben wir nicht. Und von dort, wo die Besatzer sind, kommt niemand her. Nur Evakuierte und Verwundete von der Front. Also, warum?«

»Na, Hitler will alle Juden vernichten. Er meint, es gibt Völker ›höherer Rassen‹ und ›minderwertige‹. Das hat mir

Mama so erklärt. Er vernichtet alle Juden in Polen und sogar bei sich in Deutschland; auch in den anderen Ländern, die er erobert. Sie werden entweder an Ort und Stelle umgebracht oder in Lager gesteckt. Aber es heißt, dort werden sie auch umgebracht. Hast du das etwa nicht gewusst?«

»Nein, hier bei uns habe ich davon noch nie gehört.«

Es klingelte. Ich zuckte zusammen und kehrte mühsam in unsere Welt zurück. Über unserem Gespräch hatte ich die Geschichtsstunde und die bevorstehenden Unannehmlichkeiten vollkommen vergessen – so erschüttert war ich über das, was Frieda erzählt hatte. Jetzt musste ich in die Klasse eilen und die Fragen, die mir durch den Kopf gingen, auf später verschieben.

In der Russischstunde sollten wir einen Aufsatz über die Heimat schreiben und darüber, wie sehr wir unsere Heimat lieben. Ich brauchte lange, um meine Gedanken zu sammeln und zu entscheiden, worüber ich schreiben sollte. In unserer Heimat war Krieg, die Menschen vermischten sich, verließen ihr Zuhause – durch die Evakuierung und andere Ortswechsel –, und die Sowjetunion war unsere gemeinsame Heimat. Doch die meisten in der Klasse schrieben über ihr Kirgisien … Worüber wohl Frieda schrieb – über die Ukraine? Ich war in Moskau geboren, und obwohl ich mich kaum an die Stadt erinnerte, war sie doch meine Heimat. Aber was konnte ich über Moskau schreiben?

»Nudolskaja, warum schreibst du nicht?«, drang die Stimme der Lehrerin in meine Gedanken. »Bis zum Ende der Stunde bleiben dreißig Minuten, und du hast noch keine einzige Zeile geschrieben.«

»Maria Michailowna, ich fange gleich an, ich überlege nur, wie am besten.«

»Soso … dann überlege.«

Ich nahm meine Gedanken zusammen und entschied, über

Kirgisien zu schreiben. Darüber, wie schön die Steppe im Frühling ist, über die erstaunlich blauen Berge, die es in Moskau nicht gibt, und darüber, was für gute und unterschiedliche Menschen hier leben, Menschen aus der ganzen Sowjetunion, und dass dies hier genauso ihre Heimat ist. Und obwohl Kirgisien weit entfernt sei von der Front, täten auch hier die Menschen alles, was sie konnten, damit unser Land die Faschisten besiegte. Zum Ende der Stunde hatte ich den Aufsatz fertig und war sicher, am nächsten Tag meine verdiente Eins dafür zu bekommen.

Nach dem Unterricht schwatzte ich nicht wie sonst mit meinen Freunden. Draußen war es kalt und windig, alle wollten so schnell wie möglich nach Hause, ich aber ließ mir Zeit. Mochten sie nur schnell fortgehen. Keiner sollte sehen, wie die Lehrerin mit mir schimpfte oder, noch schlimmer, die Direktorin. Doch die Lehrerin verließ rasch die Klasse, nachdem sie sich von uns verabschiedet hatte. Sie forderte mich nicht auf, zu bleiben, bestellte mich nicht zu einem Gespräch und schien mein Vergehen ganz vergessen zu haben. Ich beruhigte mich etwas und packte ohne Eile meine Sachen, um nach Hause zu gehen. Als ich am Lehrerzimmer vorbeikam, hörte ich drinnen laute Stimmen, als seien dort alle Lehrer der Schule versammelt und diskutierten heftig. Die Tür klappte, und die Pionierleiterin lief an mir vorbei, schluchzend und die Hände vors Gesicht geschlagen. Irgendetwas war passiert. Aber ich konnte niemanden fragen, wozu auch. Ich hatte mich daran gewöhnt, keine überflüssigen Fragen zu stellen. Auf dem Heimweg überlegte ich, was ich am Abend Mama erzählen sollte.

Bevor Mama von der Arbeit kam, musste ich nicht nur essen und Hausaufgaben machen, sondern auch meinen Teil der Hausarbeit erledigen: den Ofen heizen und das Zimmer sauber machen. Außerdem den großen Topf mit Wasser auf den Herd stellen – er wurde sehr langsam warm, und am Abend wollten wir das Geschirr abwaschen. Dabei überlegte ich die ganze Zeit: Ich werde Mama erzählen, dass ich eine Aufforderung der Lehrerin nicht befolgt habe, dass ich nun Ärger bekommen werde und dass man vielleicht sogar sie in die Schule bestellen wird. Und dass Altynbek gesagt hat, ich wäre ein Volksfeind. Oder sollte ich das lieber nicht erzählen? Er war bloß ein Dummkopf, ohne jeden Verstand, und Mama hatte mit mir schon genug Sorgen. Und ohne mich auch.

Mama kam, müde und traurig. So traurig hatte ich sie selten gesehen, wahrscheinlich noch nie … Meistens »wahrte sie das Gesicht«. Und sagte auch zu mir streng: »Merk dir, mein Kind: Wenn man deinem Gesicht ansieht, dass du in schlechter Stimmung bist, ist das ein Zeichen fehlender Erziehung.« Und nun plötzlich diese Traurigkeit in ihren Augen – ich wagte nicht einmal, zu fragen, was passiert war. Ich machte ihr einen heißen Tee, setzte mich still neben sie und umarmte sie fest. Sie schwieg. Was war nur los?

»Weißt du, mein Spatz«, sagte Mama plötzlich, »heute ist Papas Geburtstag. Er wird vierzig Jahre alt. Ich denke die ganze Zeit, wo er wohl sein mag … Wie es ihm dort geht …«

Ich erstarrte. Wie hatte ich das vergessen können?! Nun wurde auch ich so traurig, dass ich am liebsten geweint hätte. Wir hatten keine Ahnung, wo er war, wir konnten ihm nicht gratulieren, wir wussten nicht einmal, ob er noch lebte … Traurig machte mich auch, dass ich mich kaum noch an ihn erinnerte. Mama hatte es gut – sie erinnerte sich an alles. Aber vielleicht war es für sie gerade deshalb noch schlimmer? Ich dachte daran, wie gern die beiden gemeinsam gesungen und wie oft sie zusammen gelacht hatten – aus jedem Anlass. Nein, wahrscheinlich war es für Mama schlimmer als für mich. Wie konnte ich sie nur trösten?

»Mama, komm, wir singen was. Eins von seinen Lieblingsliedern. Als würden wir für ihn singen. Also … ich bin natürlich Pionier, und Pioniere dürfen nicht an Gott glauben, aber vielleicht kann Papa uns ja singen hören. Nicht unsere Stimmen, aber … na ja, ich weiß nicht, vielleicht sorgt irgendwer da oben dafür, dass er weiß: Wir lieben ihn und warten auf ihn.«

Mamas Gesicht hellte sich auf.

»Nun komm, du stiller Abend, senk dich auf Feld und Hain«, begann sie leise.

»Komm, Abendrot, du schönes, wir singen dir allein«, fiel ich eifrig ein.

Schon hatten wir das Gefühl, dass Papa uns hörte. Wir sangen halblaut. Ich bemühte mich, die vertrauten und geliebten Worte deutlich zu artikulieren, und Mamas silberhelle Stimme half mir, die Melodie zu halten. Sie wurde fester, die Trauer wich daraus, und ich dachte: So singt man wohl nur für jemanden, den man sehr liebt. Dann stimmte Mama ein Lied an, das ich nicht kannte.

»Wart auf mich, ich komm zurück …« Schlichte, aber sehr berührende Worte. Bei Mama klang das Lied wie ein Gebet – so viel Kraft lag darin, so sehr beschwor es den Liebsten, durchzuhalten, wo immer er auch war.

»Warte, wenn der Schneesturm tobt,
wenn der Sommer glüht.
Warte, wenn die andern längst,
längst des Wartens müd –
warte, wenn vom fernen Ort
dich kein Brief erreicht,
warte – bis auf Erden nichts
deinem Warten gleicht.«*

* Konstantin Simonow, »Wart auf mich« (1941), deutsch von Klara Blum, aus »Russische Songs. Texte und Noten«, Verlag Volk und Welt, Berlin 1972 (Anm. d. Übers.).

Ich hörte zu und dachte: Das handelt von uns. Wir sind es, die warten. Und Papa muss daran glauben, dass wir auf ihn warten werden, bis er wiederkommt. Und auch er soll auf uns warten, obwohl er nicht einmal weiß, wo wir sind und wie es uns geht. Ich werde ihn wiedersehen, meinen Papa, an den ich mich kaum noch erinnere ... Wir müssen nur bis dahin durchhalten, egal, was geschieht. Und dann dachte ich, dass ich schon groß sei und allein mit den Schwierigkeiten fertig werden müsse, die ich mir selbst eingebrockt hatte. Ich entschied, Mama nichts zu erzählen. Selbst wenn man sie in die Schule bestellen sollte – ich würde nichts sagen. Sollten sie mich hinbestellen und tadeln. Schließlich hatte ich die Fotos nicht übermalt, Mama hatte nichts damit zu tun.

Der nächste Schultag begann mit einem Pionierappell. Statt der ersten Unterrichtsstunde mussten alle Pioniere im Flur antreten. Jeder Gruppenratsvorsitzende meldete der Pionierleiterin, seine Gruppe sei zum Appell angetreten. Doch als Erste redete nicht die Pionierleiterin, sondern die Direktorin trat vor uns. Sie sprach davon, was für einen schweren und heldenhaften Kampf unser Land führe, dass die Menschen überall im Land unter dem Motto »Alles für die Front, alles für den Sieg!« arbeiteten und dass die Pioniere des Sowjetlandes bewusste Staatsbürger und sehr gute Schüler sein und den Erwachsenen helfen müssten, um ebenfalls die Front zu unterstützen.

Ich verstand nicht ganz, wie ich durch gute schulische Leistungen die Front unterstützen konnte. Wenn wir im Herbst auf dem Feld Ähren sammelten, damit nichts von der Ernte verloren ging, im Sommer den Erwachsenen halfen, Heizmaterial für den Winter heranzuschaffen, oder auf den Sowchosfeldern Unkraut jäteten – das leuchtete mir ein, das war eine Hilfe. Aber was für eine Hilfe waren gute Zensuren?

»Und in dieser schweren Zeit«, sagte die Direktorin, »gibt es Menschen mit mangelndem Bewusstsein, die sich erlauben, an den Entscheidungen der Partei zu zweifeln! Sie ziehen die Anordnungen von Lehrern und die Pionierdisziplin in Zweifel! Sie erlauben sich, daran zu zweifeln, dass Volksfeinde tatsächlich Feinde sind! Wir müssen wachsam sein und dürfen nicht zulassen, dass schädliche Strömungen in die Reihen un-
serer Pioniere dringen! Pioniere mit einem derart mangelnden Bewusstsein müssen wir aus unseren Reihen ausschließen!«

Die Direktorin verstummte. Die Pionierleiterin übernahm.

»Pionier Nudolskaja, vortreten!«, kommandierte sie.

Ich trat einen Schritt vor, ohne recht zu begreifen, warum ich aufgerufen worden war.

»Dreh dich zu den anderen um!«, kommandierte die Pionierleiterin.

Plötzlich wurde mir klar, dass alle diese Worte mir gegolten hatten. Ich spürte buchstäblich, wie mir das Blut aus dem Gesicht wich. Mir wurde schwindlig. Aber ich dachte an Papa, an meinen gestrigen Entschluss und daran, dass Papa irgendwo im Lager war und dort bestimmt ebenso gedemütigt wurde … Ich stellte mich hin wie befohlen und reckte den Kopf. Sollten sie mich doch vor der ganzen Schule anprangern. Ich hatte mich verhalten, wie Papa es mir beigebracht hatte.

»Auf Beschluss des Freundschaftsrates wird Stella Nudolskaja wegen unwürdigen Verhaltens aus der Pionierorganisation ausgeschlossen!«

Ein erschrockenes Raunen ging durch die Reihen. Die Pionierleiterin band mir das Halstuch ab, legte es auf einen kleinen Tisch und sagte streng, ich solle mich wieder einreihen, aber ganz hinten. O nein, das würde ich nicht! Ich würde auch nicht vor aller Augen weinen, obwohl ich vor Kummer und Kränkung den Tränen verdächtig nahe war. Ich drehte mich um und rannte aus der Schule. Die verräterischen Tränen brannten mir in den Augen. Im kalten Wind flossen sie heftiger. Ich musste schnell um die Ecke biegen, damit mich niemand sah. Mit geballten Fäusten stand ich da und bemühte mich, nicht zu weinen.

Am liebsten wäre ich nach Hause gegangen. Nein, ich durfte mich nicht verkriechen. War ich etwa ein Feigling? Außerdem war Unterricht, und wenn ich schwänzte, gäbe es noch mehr Ärger. Ich stand hinter der Ecke der Schule, bis es klingelte. Also war die erste Stunde und damit der Appell zu Ende. Nun würden alle zum Unterricht gehen. In der zweiten Stunde hatte ich Mathematik. Wahrscheinlich würden wir sogar eine Leistungskontrolle schreiben. Nein, ich musste hin. Ich zitterte noch immer am ganzen Leib, doch die Tränen waren getrocknet, und ich hatte mich beruhigt. Vielleicht wollte nun niemand in der Klasse mehr mit mir reden, weil ich ausgeschlossen worden war? Egal, das musste ich aushalten. Ich fühlte mich ja in keiner Weise schuldig. Ich holte tief Luft und ging hinein.

Im Flur herrschte der übliche Lärm. Die Kleinen rannten hin und her, eine Mütze flog über die Köpfe wie ein Volleyball; wer besonders wild tobte, wurde von den strengen Aufsichtslehrern ermahnt. Es war, als wäre nichts geschehen. Ich öffnete die Tür zu meinem Klassenraum. Fast alle waren schon da, es herrschte ein allgemeines Gemurmel – wahrscheinlich redeten sie über den Appell. Ein Stück abseits am Fenster stand Frieda und schaute zur Tür; als sich unsere Blicke trafen, lächelte sie.

Sie kam durch den ganzen Klassenraum auf mich zu und sagte leise: »Mach dir keine Gedanken, die meisten haben gut über dich gesprochen, wenn es die Pionierleiterin nicht hören konnte.«

»Willst du denn nach all dem noch mit mir befreundet sein?«

»Natürlich. Die Pionierleiterin hat zwar gesagt, wir sollen uns würdige Freunde suchen und dich meiden. Aber wir wissen doch alle, was für ein Mensch du bist. Warum sollten wir dich also meiden?«

Es klingelte. Frieda drückte mir heimlich fest die Hand und ging zu ihrer Bank. Ich setzte mich auf meinen Platz am Fenster und sah hinaus. Die Lehrerin begann mit dem Unterricht, kündigte eine Kontrollarbeit an und teilte die Aufgaben aus. Ich musste mich zusammennehmen und die Aufgaben lösen.

Der Tag verlief wie immer. Niemand sprach über das Vorgefallene, aber in den Pausen mieden mich viele. Offenbar hatten sie noch nicht entschieden, wie sie sich mir gegenüber verhalten sollten. Nur Frieda unterhielt sich leise mit mir und versuchte, mich von den trüben Gedanken abzulenken.

Nach dem Unterricht lief Frieda gleich nach Hause: Sie musste ihrem kleinen Bruder das Mittagessen machen und auf ihn aufpassen, bis ihre Mama nach Hause kam. Ich hingegen hatte es nicht eilig, ich wollte warten, bis alle weg waren. Wenn sie sich nicht mit mir abgeben sollten – schön, dann eben nicht. Die Klasse leerte sich rasch. Plötzlich drehte sich Sapkos zu mir um.

»Warum bist du noch hier? Komm, wir gehen zusammen, ich hab heute denselben Weg, mein Vater hat gesagt, ich soll beim Onkel vorbeischauen.«

Ich freute mich. Der treue Kamerad meiner Kinderstreiche ließ mich auch heute nicht im Stich. Ich vermutete, dass sein Vater ihm gar nichts aufgetragen hatte, fragte aber nicht nach.

Wir liefen schweigend nebeneinander, bis er fragte: »Wird deine Mama mit dir schimpfen?«

»Ich weiß nicht. Ich glaube nicht. Meine Mama schimpft selten mit mir. Aber wird dein Vater nicht mit dir schimpfen, weil du mit mir redest? Die Pionierleiterin hat doch gesagt, ihr sollt mich meiden.«

»Die einen hören auf die Pionierleiterin, andere haben einen eigenen Kopf«, sagte Sapkos mit fester Stimme, wie ein Erwachsener. »Wozu hat ein Mann einen Kopf? Mein Vater sagt immer, ich soll mit meinem eigenen Kopf denken. Und wenn Altynbek und andere Trottel allen möglichen Blödsinn reden – hör nicht hin.«

Vor unserem Haus nickte mir Sapkos kurz zu und ging rasch fort. Nicht in die Richtung, wo sein Onkel wohnte. Meine Stimmung hob sich, ich hatte mich fast beruhigt, wartete auf Mama und erledigte meine üblichen Aufgaben.

Ende Januar herrscht in Kirgisien noch tiefer Winter: Eiseskälte und schneidender Wind. Deshalb blieb meine Flucht aus der Schule nur im Kleid und in leichten Schuhen natürlich nicht ohne Folgen: Ich bekam eine Erkältung und musste fast zwei Wochen lang zu Hause bleiben. Frieda brachte mir täglich die Hausaufgaben und das Russischbuch, damit ich die Übungen abschreiben konnte. Einige Male kam Sapkos vorbei, am Abend, wenn Mama schon zu Hause war. Er begrüßte sie respektvoll, wie ein Erwachsener, hängte seine Mütze, seinen Mantel und die Ledertasche seines Vaters an die Tür, trat ins Zimmer und begann ein gesetztes Gespräch über Neuigkeiten aus der Schule und dem Dorf. Er erzählte, die Pionierleiterin sei beinahe entlassen worden, weil sie mich überhaupt bei den Pionieren aufgenommen hatte, habe aber schließlich auf der Komsomolversammlung nur eine strenge Rüge wegen »mangelnder Wachsamkeit« bekommen und in der Schule bleiben dürfen. Bevor Sapkos ging, holte er mit den Worten »Hier, das hat mir Vater für euch mitgegeben« immer etwas zu essen aus der Tasche – mal ein Stück Kürbis, mal hausgemachten Käse. Dann ging er, unbekümmert um Mamas Protest.

Als ich nach meiner Krankheit wieder in die Schule kam, wurde in der Klasse nicht mehr von meinem Ausschluss gesprochen. Manche Kinder redeten wieder mit mir wie vorher, manche nicht – aber insgesamt spürte ich keine Feindseligkeit. Allmählich gewöhnten sich alle in der Klasse daran, dass ich als Einzige kein Pioniertuch trug und während der Pioniernachmittage nach Hause ging; die meisten schenkten dem keine Beachtung mehr.

Die Lehrerin behandelte mich bis zum Ende des Schuljahres mit Argwohn, als erwarte sie von mir etwas Schlimmes, und sprach streng und voller Ablehnung mit mir. Doch darüber machte ich mir keine Sorgen. Mit Beginn der warmen Tage verbrachte ich wieder viel Zeit draußen mit meinen Freunden. Außerdem lockte die blühende Steppe, und ich ging oft weit hinein, um allein zu sein, das lebhafte Frühlingstreiben zu beobachten und mich an der Sonne und der Schönheit zu erfreuen.

Überdies gab es viel zu tun: Ich musste Mama beim Anlegen eines Gemüsegartens und beim Gießen helfen, damit wir im nächsten Winter zu essen hatten. Doch was sollten wir anbauen? Mit Saatgut sah es schlecht aus: Der trockene Sommer des Vorjahres hatte niemandem eine reiche Ernte gebracht, also auch kaum Saatgut, und wir besaßen überhaupt keins. Aber wie schon so oft wurden wir nicht im Stich gelassen. Nachbarn teilten ihr Saatgut mit uns, jeder gab ein bisschen, und weil uns so viele Menschen helfen wollten, konnten wir schließlich einen recht ordentlichen Garten anlegen. Für den nächsten Winter drohte uns also kein Hunger.

Das Schuljahr beendete ich wie immer – mit »Sehr gut« in allen Fächern. Im folgenden Jahr, in der fünften Klasse, würden uns verschiedene Fachlehrer unterrichten, vor uns lag ein völlig anderer Schulalltag. Nach all den Stürmen und Erschütterungen des vergangenen Jahres gaben mir die Mühen und Freuden der Sommerferien das Gefühl, dass das Leben nun in Ordnung kam. Ich glaubte, der Krieg würde bald zu

Ende sein, unser Papa würde sich vielleicht melden, und dann wären wir wieder alle zusammen. Selbst wenn es nur hier wäre und nicht in Moskau. Schließlich hatte Gabis Papa damals seine Tochter gefunden … Ich würde Papa meine geliebte Steppe und die blauvioletten Berge zeigen, und Mama würde wieder lachen, genau wie früher in Moskau.

Epilog

Mehrere Jahre sind vergangen. Wieder ist Herbst. Nun sehe ich aus dem Fenster des Klassenzimmers nicht mehr die braune Steppe, sondern einen fröhlich bunten Wald bei Moskau. Mein Schulweg führt nicht mehr durch eine ganze Steppensiedlung, ich muss nur noch eine Treppe hinuntergehen und eine andere wieder hinauf.

Bruchstücke unseres Lebens in Kirgisien kommen mir in den Sinn.

Fünfte Klasse. Der Winter 1943/44 war extrem kalt, ein regelrecht grimmiger Winter. Nach den Winterferien – in der schlimmsten Kälte – mussten wir eine halbe Stunde vor Unterrichtsbeginn in der Schule sein. Im Januar war in der Sowjetunion eine neue Hymne eingeführt worden. Jeden Morgen traten wir alle, Schüler und Lehrer, im Schulflur an, denn eine Aula gab es in unserer Schule nicht, und sangen zum Akkordeon, das unsere Musiklehrerin spielte, die Hymne. Sie war lang, und ich konnte mir den Text schlecht merken. Ich verwechselte die Reihenfolge im Refrain: »Unser freies Vaterland« war jedes Mal ein »sicherer Hort« für etwas anderes – mal für die Völkerfreundschaft, mal für das Glück des Volkes, dann für den Ruhm der Völker. Ich verstand nicht recht, warum das genau in dieser Reihenfolge gesungen werden musste.

Als Sechstklässler verfolgten wir aufgeregt und freudig das Vorrücken unserer Truppen nach Westen, sahen zu, wie die

Erwachsenen die Fähnchen auf der großen Karte im Kontor versetzten, lernten die Namen europäischer Städte und konnten es nicht erwarten, dass der Krieg endlich zu Ende ging. Wir glaubten: Sobald der Sieg verkündet wird, bricht ein schönes Leben an, die Männer kehren von der Front heim, es gibt wieder Lebensmittel zu kaufen, und überhaupt wird

alles wunderbar.

Der Krieg ist längst vorbei. Doch wir wissen noch immer nicht, was mit unserem Papa ist.

Der Sieg hatte das Leben im kirgisischen Öl-Sowchos kaum verändert. Noch lange, bis zum Spätherbst nach dem Sieg, trafen Gefallenenmeldungen ein, kehrten verkrüppelte Männer heim, war die Rede von einer Fernost-Front, vom Krieg mit Japan.

Im Sommer 1946 war ein Brief aus Moskau für Mama eingetroffen. Sie fuhr zum NKWD, ohne mir zu erklären, warum, und kam ganz aufgeregt zurück: Es gebe eine Order aus Moskau, sie werde zur Arbeit in einen Vorort von Moskau versetzt, wir dürften fortziehen und dort leben. Natürlich unter Aufsicht des NKWD, aber immerhin – in der Nähe von Moskau! Wir packten unsere Sachen, besorgten uns Fahrkarten und fuhren los. Wir waren sehr lange unterwegs. Ich erinnere mich, wenn Uniformierte durch den Wagen liefen und die Papiere kontrollierten, wies mich Mama streng an, auf die obere Pritsche zu klettern, mir ein Buch zu nehmen und nur zu reden, wenn ich angesprochen wurde, exakt auf die jeweilige Frage zu antworten und auf keinen Fall mehr zu sagen. Ich war schon groß, hatte die siebte Klasse abgeschlossen und wusste sehr gut, was das bedeutete.

Mama setzte sich unten hin, die Beine übergeschlagen, eine Zeitung in der Hand. Der eingetretene Uniformierte musterte uns eingehend und verlangte unsere Papiere. Mama reichte sie ihm lässig, ich drehte mich zum Fenster, das Gesicht hinter einem Buch verborgen. Der Uniformierte fragte mich, was ich denn da lese in einer fremden Sprache. Ich erklärte, das sei das kirgisische Nationalepos »Manas«, über einen Helden, der gegen die Feinde seiner Heimat gekämpft und viele Heldentaten vollbracht habe. Auf die Frage, wohin wir führen und warum, antwortete ich ehrlich, der NKWD-Chef Arsentjew habe uns nicht erklärt, warum wir ins Moskauer Gebiet versetzt würden. Meine Antworten befriedigten den Mann offensichtlich, und er stellte Mama keine weiteren Fragen, sah sich nur die Papiere an.

Wir ließen uns hier nieder, in einem Ort siebzig Kilometer entfernt von Moskau, Mama hatte eine Stelle in der Schule gefunden, und ich war in die achte Klasse gekommen.

Unsere liebe Njanja Polja haben wir nicht wiedergefunden. Über Bekannte erfuhren wir, dass sie nach unserer Verbannung in ihr Dorf zurückkehren wollte, doch dort habe es keine Arbeit gegeben. Als Njanja bei anderen Kindern arbeiten wollte sie nicht, darum habe sie eine Stelle als Putzfrau in einem großen Haus in der Starokonjuschennaja-Straße angenommen. Sie putzte die Treppenhäuser, und während des Krieges tat sie wie alle nachts Dienst auf dem Dach und löschte Brandbomben. Bei einem Bombenangriff starb sie auf dem Dach dieses Hauses.

Jetzt gehe ich in die zehnte Klasse, ich sitze im Unterricht, und statt zuzuhören, wie meine Mitschüler einen deutschen Text analysieren, wickle ich mir mechanisch das Ende meines langen Zopfes um den Finger und denke an dies und das. Ich stelle mir vor, wie die Steppe im September aussieht, ich denke daran, dass ich das Manas-Epos bestimmt nicht mehr singen könnte und überhaupt nicht mehr Kirgisisch kann. Ich weiß nicht, was aus meinen Freunden geworden ist. Ist Friedas

Vor der Schule im Moskauer Gebiet, Stella in der Mitte der ersten Reihe. Chotkowo (?), 1946 (?).

Familie nach Hause zurückgekehrt, gab es überhaupt einen Ort, an den sie zurückkehren konnten? Wie ist der ernsthafte schwarzäugige Sapkos wohl jetzt? Fährt er nach Kara-Balty in die Mittelschule oder arbeitet er nach Abschluss der Siebenklassenschule in einem Sowchos in der Umgebung? Ob er sich noch an seine Freundin mit dem Spitznamen Kant Bala erinnert?

Ich weiß bereits, dass ich als Tochter eines Volksfeindes beim Schulabschluss keine Goldmedaille bekommen werde. Und ein Studium am Fremdspracheninstitut, das ich mir so wünsche, kommt für mich mit meinem Lebenslauf nicht infrage. Solche wie ich, »mit beflecktem Lebenslauf«, werden nur zu Studienfächern zugelassen, bei denen man nach dem Abschluss in entlegene Krähwinkel geschickt wird und schwere körperliche Arbeit verrichten muss: Forst- oder Landwirtschaft.

Mädchen wie mir gehen junge Männer aus »anständigen«

Stella als Jugendliche im Moskauer Gebiet, Sommer 1946.

Abschlussklasse, Stella in der zweiten Reihe, Dritte von links.
Sagorsk, Moskauer Gebiet, 1949.

Familien aus dem Weg. Und selbst wenn ich eines Tages meine große Liebe finden sollte – was könnte ich ihm von mir erzählen? Wie ein Urteil schweben über mir die Worte: »Niemals … zu niemandem … sagen, was du denkst, die Wahrheit über dich erzählen.«

190 Es werden noch einige Jahre vergehen. Während ich im vierten Jahr an der Landwirtschaftsakademie studiere, stirbt Stalin. Über mehrere Jahre zieht sich die Rehabilitierung von Opfern ungerechtfertigter Repressionen hin. Schließlich erhält Mama eine Bescheinigung mit den Worten: »rehabilitiert wegen fehlenden Straftatbestands«. Nach zahlreichen Anfragen an alle Instanzen zum Schicksal meines Vaters erhalten wir nach vielen Jahren die knappe Antwort: 1940 verstorben im Lager in Magadan. Was da tatsächlich passiert ist und warum ein junger, vor der Verhaftung vollkommen gesunder

Stella mit knapp neunzehn Jahren, 1950.
Auf der Rückseite: Für Mama, meine beste Freundin, von Stella. 12.8.50.

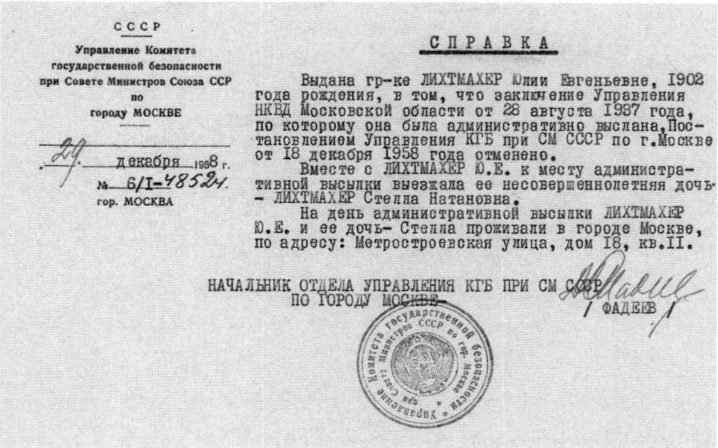

СССР

Управление Комитета государственной безопасности при Совете Министров Союза ССР по городу МОСКВЕ

29 декабря 1958 г.
№ 6/I-48524.
гор. МОСКВА

СПРАВКА

Выдана гр-ке ЛИХТМАХЕР Юлии Евгеньевне, 1902 года рождения, в том, что заключение Управления НКВД Московской области от 28 августа 1937 года, по которому она была административно выслана, Постановлением Управления КГБ при СМ СССР по г.Москве от 18 декабря 1958 года отменено.

Вместе с ЛИХТМАХЕР Ю.Е. к месту административной высылки выезжала ее несовершеннолетняя дочь - ЛИХТМАХЕР Стелла Натановна.

На день административной высылки ЛИХТМАХЕР Ю.Е. и ее дочь- Стелла проживали в городе Москве, по адресу: Метростроевская улица, дом 18, кв.11.

НАЧАЛЬНИК ОТДЕЛА УПРАВЛЕНИЯ КГБ ПРИ СМ СССР ПО ГОРОДУ МОСКВЕ

/ ФАДЕЕВ /

Rehabilitationsbescheinigung der Mutter, 29.12.1958:
Hiermit wird der Bürgerin Julia Jewgenjewna Lichtmacher, geb. 1902, bescheinigt, dass der Beschluss der NKWD-Verwaltung des Moskauer Gebiets vom 28. August 1937, aufgrund dessen sie von Amts wegen verbannt wurde, durch Beschluss der Verwaltung des KGB beim Ministerrat der UdSSR für die Stadt Moskau vom 18. Dezember 1958 aufgehoben wurde.
Zusammen mit Julia Jewgenjewna Lichtmacher war deren minderjährige Tochter Stella Natanowna Lichtmacher verbannt worden.
Zum Zeitpunkt der Verbannung von Amts wegen waren Julia Jewgenjewna Lichtmacher und ihre Tochter Stella in Moskau gemeldet, Metrostrojewskaja Straße 18, Whg.11.
Abteilungsleiter in der KGB-Verwaltung beim Ministerrat der UdSSR für die Stadt Moskau
Fadejew

und starker Mann plötzlich gestorben ist – das wird uns nun niemand mehr sagen.

Da erst erzählt mir Mama, dass die Order aus dem Volkskommissariat für Landwirtschaft, nach der sie als besonders wertvolle Fachkraft zum Wiederaufbau der Landwirtschaft ins Moskauer Gebiet versetzt werden sollte, gefälscht war. Ihre Freunde im Volkskommissariat, in dem sie bis zu Vaters Verhaftung angestellt war, hatten Formular und Dienststempel der Behörde benutzt, um uns aus der Verbannung zu holen, und

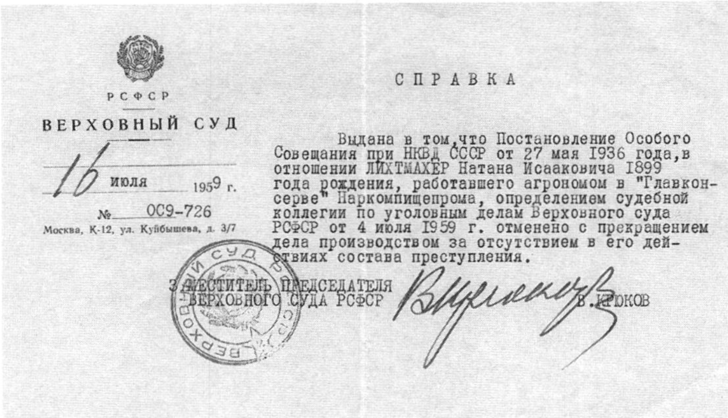

РСФСР

ВЕРХОВНЫЙ СУД

16 июля 1959 г.

№ ОС9-726

Москва, К-12, ул. Куйбышева, д. 3/7

СПРАВКА

Выдана в том, что Постановление Особого Совещания при НКВД СССР от 27 мая 1936 года, в отношении ЛИХТМАХЕР Натана Исааковича 1899 года рождения, работавшего агрономом в "Главконсерве" Наркомпищепрома, определением судебной коллегии по уголовным делам Верховного суда РСФСР от 4 июля 1959 г. отменено с прекращением дела производством за отсутствием в его действиях состава преступления.

ЗАМЕСТИТЕЛЬ ПРЕДСЕДАТЕЛЯ
ВЕРХОВНОГО СУДА РСФСР В.КРЮКОВ

Rehabilitationsbescheinigung des Vaters, 16.7.1959:
Hiermit wird bescheinigt, dass der Beschluss der Sondersitzung des NKWD der UdSSR vom 27. Mai 1936 in der Sache Natan Issaakowitsch Lichtmacher, geb.1899, tätig als Agronom in der Abteilung »Glawkonserv« beim Volkskommissariat für Nahrungsgüterwirtschaft, durch Beschluss des Richterkollegiums für Strafsachen beim Obersten Gericht der RSFSR vom 4. Juli 1959 wegen mangelnden Straftatbestands aufgehoben wurde.
Stellvertretender Vorsitzender des Obersten Gerichts der RSFSR
W. Krjukow

dabei nicht nur ihre Arbeitsstellen riskiert, sondern auch ihre Freiheit. Sie hatten darauf spekuliert, dass die örtlichen Natschalniks in Kara-Balty beim Anblick des Papiers aus Moskau mit den kategorischen Worten »der Aufsicht des NKWD des Moskauer Gebiets zu unterstellen« nicht in Moskau anrufen und nachfragen würden. Das war ein großes Risiko. Nicht einmal mir sagte Mama die Wahrheit, damit ich im Fall des Falles nicht aus Versehen etwas ausplaudern konnte. Aber wir hatten Glück. Wir kamen wohlbehalten an, und die Moskauer Obrigkeit, die wusste, wie sehr es überall an Leuten fehlte und wie zerstört die Landwirtschaft war, interessierte sich nicht sonderlich dafür, wo Mama eine Stelle gefunden hatte und als was. Sie meldete sich regelmäßig, verließ die Kreisgrenzen nicht – und gut. Dass sie als ausgebildete Agronomin an

Stella als Studentin mit ihrer Mutter, 1952.

einer Schule Deutsch unterrichtete, wunderte ebenfalls niemanden.

Ich werde Chemikerin, ich werde Düngemittel entwickeln und erproben. Meine Arbeit wird mich nach Kasachstan führen, auf Tschukotka und nach Jakutien. Dass ich reiten kann, wird mir sehr zupasskommen und mich an die Steppe und die blauen Berge von Kirgisien erinnern. Und bis ins hohe Alter werde ich daran zurückdenken, wie ich als Kind einmal genannt wurde: Kant Bala – Zuckerkind.

Wie es wirklich war

»Ist alles, was in dieser Geschichte beschrieben ist, die Wahrheit?«

Diese Frage wird mir am häufigsten gestellt. Manchmal heißt es auch: Ach nein, das kann nicht sein! So viel in einem einzigen Leben, das gibt es nicht! Und Menschen wie Stella und ihre Mama gibt es auch nicht.

Doch, gibt es. Das ist alles wahr. So viele dramatische und außergewöhnliche Erlebnisse im kurzen Leben eines Kindes kann sich selbst der beste Schriftsteller kaum ausdenken; das Leben ist oft komplexer und vielfältiger als die Phantasie. Aber dieses Buch hat kein Schriftsteller geschrieben. Ich will erzählen, wie es wirklich war.

Vor vielen Jahren, im Dezember 1988, hing in unserem Hausflur ein Zettel: »Kleider und andere Spenden für die Opfer des Erdbebens in Armenien können im Stab der Hilfsorganisation in unserem Stadtbezirk abgegeben werden (Adresse) oder in unserem Haus, in Wohnung 171 bei Stella Natanowna Dubrowa. Dort werden sie am Montag abgeholt. Spenden Sie saubere feste Kleidung, gebraucht werden außerdem Thermosbehälter, unzerbrechliches Geschirr und Kindersachen.«

In jenem Winter hatte in Armenien ein schreckliches Erdbeben gewütet, ein Drittel der Ortschaften des Landes stark beschädigt und die Stadt Spitak vollkommen zerstört. Viele

Tausende Menschen waren ohne Obdach und ohne Kleidung, ohne Heizung und ohne Wasser. Nicht nur die gesamte Sowjetunion, sondern die ganze Welt sammelte Spenden für die Opfer.

Ich suchte einen Berg fester Kinderkleidung heraus, wusch und bügelte sie, packte noch einiges andere ein und ging zu

der angegebenen Wohnung, zwei Etagen unter unserer. Auf mein Klingeln öffnete eine nicht sehr große Frau mit einem riesigen weißen Kater auf dem Arm.

»Kommen Sie schnell rein, sonst kann ich Wassja nicht mehr halten und er läuft ins Treppenhaus. Sehen Sie, wie es hier bei mir aussieht? Es ist schon ein ganzes Lager. Das muss alles sortiert werden, nach Größe und Art der Kleidung, dort hat dafür niemand Zeit, aber die Menschen sollen gleich finden, was sie brauchen.«

Es war ein beeindruckender Berg, und bis Montag blie-

Stella Natanowna Dubrowa 1988, als Olga Gromowa sie kennenlernte.

ben noch fünf Tage. Ich bot meine Hilfe an und ging nun in jeder freien Minute zur Nachbarin – sortieren, bügeln, verpacken, beschriften ... Das war ziemlich anstrengend. Stella Natanowna arbeitete ohne Pause und ohne zu klagen.

Hin und wieder sagte sie nur: »Entschuldigen Sie, ich mache jetzt mal etwas im Sitzen. Ich bin ja schwerbeschädigt – mein Rücken. Ich kann nicht die ganze Zeit stehen.«

Dann setzte sie sich in einen Sessel und machte weiter.

In den fünf Tagen kamen wir uns näher. Ich erfuhr, dass sie vor Kurzem ihren heiß geliebten Mann verloren hatte. Sie trauerte sehr um ihn. Ihr Sohn arbeitete weit weg von Moskau, sie sah ihn selten, aber sie hielt sich tapfer und suchte sich diverse Beschäftigungen: Sie las viel, gab einer Gruppe junger Mütter Nähunterricht und las alten Menschen im Veteranenklub vor.

Wir freundeten uns an. Sie war eine gesprächige Frau mit scharfem Verstand, nicht minder scharfer Zunge und ausgeprägtem Humor. Wenn ich später zu ihr ging – um sie zu besuchen oder mir Rat zu holen –, erzählte sie mir viel von ihrer Arbeit auf Tschukotka und in Zentralasien und von der Schule im Moskauer Gebiet, die sie nach dem Krieg besucht hatte. Dabei waren ihre Beschreibungen von Personen, Situationen und ihrem Umfeld stets sehr plastisch. Ab und an fiel das Wort »Kirgisien«.

Eines Tages entdeckte ich auf ihrem Tisch ein Stück Pappe mit einer Schnur daran. Auf die Pappe war mit Filzstift Stacheldraht gezeichnet, dazu die Worte: »Erlaube dir keine Angst!«

»Was ist das?«

»Ach, das hab ich im Schrank gefunden. Vor drei Jahren* stand ich mit diesem Plakat vor der Lubjanka**, auf der Demonstration zur Erinnerung an die Opfer politischer Verfolgung.«

* Also 1986 oder 1987.

** Auf dem Lubjanka-Platz in Moskau befindet sich das Gebäude des KGB der UdSSR (heute FSB). Auf der Grünfläche davor steht heute ein Gedenkstein von den Solowki-Inseln, wo sich eines der größten Lager für politische Gefangene befand. Dieses Denkmal für die Opfer politischer Verfolgung wurde am 30. Oktober 1990 aufgestellt.

Stella als Pionierleiterin, Siedlung Iultin, Tschukotka, 1962.

»Sie hätten Unannehmlichkeiten bekommen können …«

»Nein, keine sehr schlimmen. Man konnte zwar noch nicht viel darüber reden, aber ins Gefängnis kam man deswegen nicht mehr. Sie haben uns alle aufs Milizrevier gebracht und ein Protokoll aufgesetzt, wir sollten Strafe zahlen und eingeschüchtert werden, damit wir nicht mehr demonstrierten. Als sie sahen, dass ich am Stock gehe und kaum laufen kann, haben sie mich freigelassen. Ich wurde nur verwarnt. Das wäre früher anders gewesen. Damals, in meiner Jugend, hätte ich mich auf so etwas nicht eingelassen. Da hatte ich Angst.«

Von Stella erfuhr ich, dass in der Sowjetunion seit 1974 am 30. Oktober der Tag des politischen Häftlings begangen wurde, und das wird auch heute in Russland fortgeführt. In der Sowjetunion wurde offiziell nicht über die Verfolgungen gesprochen, denen viele Menschen wegen ihrer Überzeugungen ausgesetzt waren. Doch alle denkenden Menschen, die wussten, dass es im Land viele solche Häftlinge gab, veranstal-

Stella, die schon als Kind reiten gelernt hatte, saß ihr ganzes Leben lang sicher im Sattel. 1970er Jahre.

teten an diesem Tag Aktionen zu ihrer Unterstützung, und in den Gefängnissen kämpften die politischen Häftlinge an diesem Tag ebenfalls mit diversen Aktionen für ihre Rechte. Jetzt, zu Beginn des 21. Jahrhunderts, gibt es in unserem Land angeblich keine politischen Häftlinge mehr, und der 30. Oktober wird meist als Gedenktag für die Opfer früherer politischer Verfolgungen bezeichnet.

Während Stella mir das alles erzählte, holte sie zwei dünne Schulhefte hervor. Auf einem stand in kleiner Schrift: »Vaters Akte«, auf dem anderen: »Mamas Akte«.

»Ich war im KGB und ließ mir aus dem Archiv die Akte meines Vaters und die meiner Mutter geben. Zur Ansicht. Fotografieren durfte ich nicht, also habe ich einen halben Tag dort gesessen und mir Notizen gemacht. Außerdem habe ich eine Bescheinigung erhalten, dass auch ich selbst Opfer politischer Verfolgung war.«

»Moment mal, Sie waren doch damals noch ganz klein.«

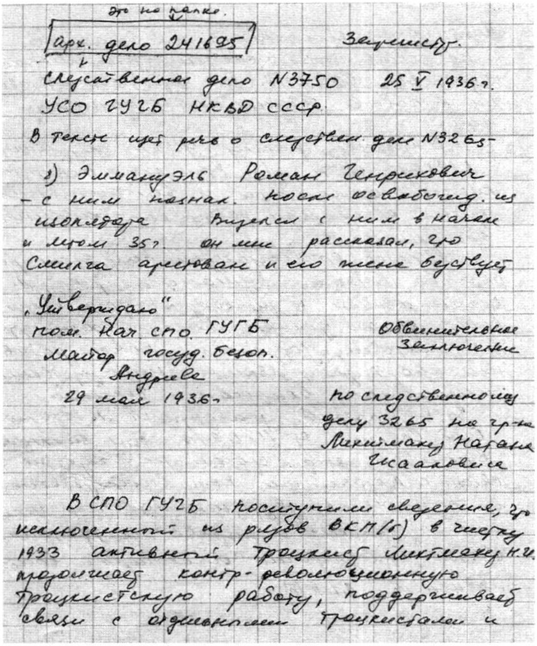

это по папке.
арх. дело 241695 Зарегистр.
следственное дело N3750 25 V 1936 г.
УСО ГУГБ НКВД СССР
В тексте идет речь о следствен. деле N3265-
1) Эммануэль Роман Генрихович
- с ним знаком. после освобожд. из изолятора виделся с ним в начале и летом 35 г. он мне рассказал, что Смилга арестован и его жена бедствует

„Утверждаю"
пом. нач. СПО ГУГБ
Майор госуд. безоп.
Андреев
29 мая 1936 г.

Обвинительное заключение
по следственному делу 3265 на гр-на Лихтману Натана Исааковича

В СПО ГУГБ поступили сведения, что исключенный из рядов ВКП(б) в чистку 1933 активный троцкист Лихтман Н.И. продолжает контр-революционную троцкистскую работу, поддерживает связи с отдельными троцкистами и

Seite aus dem Heft, in dem Stella im KGB-Archiv der UdSSR Auszüge aus den Akten ihrer Eltern festhielt. 1991 oder 1992.

»Ja, aber meine Mutter und ich kamen als Angehörige eines Volksfeindes ins Lager, als ich noch keine sechs Jahre alt war. Nach Kirgisien.«

Nach meinem beharrlichen Drängen (»Ich erinnere mich nicht gern an diese Zeit, ich erzähle dir lieber von unserem Leben im Sowchos.«) sprach sie doch nach und nach auch vom Lager, vom Herumirren in der Steppe, vom Sowchos und der Fabrik für ätherische Öle. Von ihren Freunden – Kirgisen, Ukrainern und Deutschen, vom Vorlesen in zwei Sprachen für alle Bewohner der Siedlung …

Schließlich überzeugte ich sie davon, dass sie das alles aufschreiben müsse. Egal, wie. Hauptsache, sie halte alles fest, woran sie sich erinnere.

Wie sich herausstellte, konnte Stella Natanowna sehr gut schreiben, ausführlich und interessant. Nur die deutschen und französischen Märchen, Gedichte und Lieder, die sie mir erzählte, rezitierte und vorsang, schrieb sie nicht auf – das schriftliche Deutsch beherrschte sie nicht mehr, und Französisch hatte sie auch früher mehr gesprochen als geschrieben.

Gemeinsam begannen wir, diese Erinnerungen zu bearbeiten. Einzelne Episoden wurden in Zeitungen veröffentlicht.

Indessen kehrte Stellas Sohn aus dem Norden zurück – unheilbar krank. Sie fuhr täglich zu ihm ins Krankenhaus: pflegte ihn, brachte ihm Essen, beschaffte Medikamente. Ein halbes Jahr lang. In einer Hand ihren dicken Stock, in der anderen die Rolltasche, fuhr sie quer durch die ganze Stadt, bei jedem Wetter. Ich fürchtete, sie würde zusammenbrechen.

»Nein, meine Liebe, ich brauche keine Hilfe. Du hast selber zwei … Ich schaffe das schon.«

Sie schaffte es. Doch ihren Sohn musste sie beerdigen. Nun war sie allein.

Im Land hatte die Perestroika begonnen. Stella verfolgte alles aufmerksam, las zahlreiche Zeitungen und Zeitschrif-

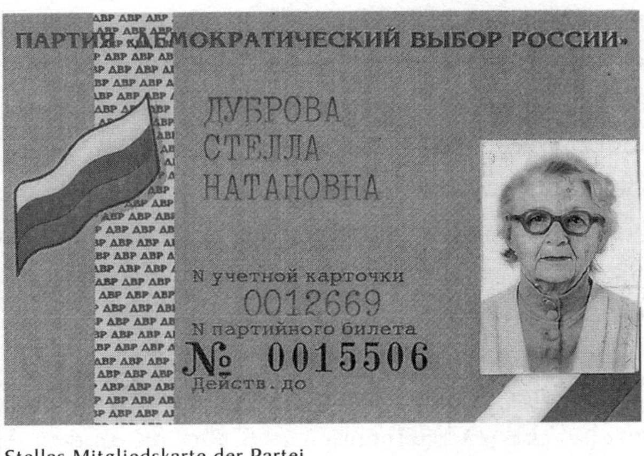

Stellas Mitgliedskarte der Partei
»Demokratische Wahl Russlands«, 1996.

ten, um zu verstehen. Sie engagierte sich ehrenamtlich in der Organisation Memorial, die sich damals um Hilfe für Opfer politischer Verfolgungen kümmerte. Und sie schrieb weiter. Fünf Seiten jede Woche, egal, was sonst noch geschah – diese Norm hatte sie sich gesetzt. Erst eine Rohfassung, dann korrigieren und sauber abschreiben.

202 Eines Tages standen auf ihrem Schreibtisch ein Monitor, ein Rechner und eine Tastatur. Stella erklärte mir stolz, sie habe ihren Neffen um seinen alten Computer gebeten und lerne nun, damit umzugehen.

»Weißt du, mit meinen siebzig Jahren fällt mir das nicht so leicht wie euch jungen Leuten, aber es wird schon. Hier, sieh mal, das habe ich selbst getippt. Ich darf mich auf keinen Fall gehen lassen, sonst vergreise ich bald. Meine Mutter war neun Jahre lang gelähmt, trotzdem hat sie meinem Alka noch Deutschunterricht gegeben. Sie hatte einen eisernen Charakter! Als sie starb, war sie geistig noch voll auf der Höhe. Ich war damals schon über vierzig.« Sie lächelte. »Und nun rate mal, wer bei uns zu Hause das Sagen hatte! Manchmal war es natürlich schwer mit ihr. Aber hätte sie nicht diesen eisernen Charakter gehabt – wer weiß, was in jenen Jahren aus mir geworden wäre.«

Auf den Umschlag einer dicken Mappe mit den ausgedruckten Erinnerungen hatte sie per Hand geschrieben: »Stella Nudolskaja. GESTATTE DIR KEINE ANGST. Einziges vollständiges Exemplar.«

»Stella Natanowna, wieso Nudolskaja?«

»Das ist der Mädchenname meiner Mutter. Den nehme ich als Pseudonym.«

Dann wurde sie krank. Sie baute rasch ab, konnte bald nicht mehr am Computer sitzen, schrieb mühsam per Hand. Ich gab ihr ein einfaches Diktiergerät – zwei Knöpfe und eine Kassette – und bat sie, alles aufs Band zu sprechen, was sie

Julia Lichtmacher mit ihrem Enkel, um 1965.

gern noch erzählen wollte. Einige Geschichten sind auf diesen Kassetten festgehalten, andere nur in meiner Erinnerung, als kurze, lückenhafte Äußerungen.

»Weißt du, wie weh es getan hat, als ich vor dem gesamten Appell aus der Pionierorganisation ausgeschlossen wurde?«

»Weswegen?«

»Ich habe Fotos im Geschichtsbuch nicht übermalt. Tuchatschewski und Blücher. Ein Glück noch, dass ich nur ausgeschlossen wurde, es hätte schlimmer kommen können. Wenn sie auch meine Mutter bestraft hätten, wären wir bestimmt irgendwo in Magadan gelandet.«

»Stella Natanowna, wir sollten Ihre Erinnerungen veröffentlichen. Ich bearbeite die Tonbandmitschnitte, schreibe auf, was Sie mir noch erzählen …«

Julia Jewgenjewna Lichtmacher (1902–1977 oder 1978).

»Ach nein, wozu. Ein weiteres Memoirenbuch … wer wird das lesen? Es ist schon so viel geschrieben worden, und viel besser! Weißt du, was ich mir wünsche? Mach ein Kinderbuch daraus. Nicht für kleine Kinder, sondern für Jugendliche, die schon ein bisschen was verstehen. Es soll sich lesen wie ein Roman. Aber ändere den Titel, der taugt nicht für ein Jugendbuch.«

»Ja, das machen wir«, sagte ich eifrig.

»Ich schaffe das nicht mehr«, antwortete sie und setzte plötzlich streng hinzu: »Versprich mir, dass du es tust.«

Ein halbes Jahr später war sie tot. Geblieben waren ihre Aufzeichnungen. Und mein Versprechen.

Da es ein Roman werden sollte, musste ich mir natürlich Dialoge ausdenken, die Figuren und einzelne Szenen genauer beschreiben, manches ergänzen. Ich musste mich durch eine Unmenge Material arbeiten, um zu erfahren, wie das Leben in der kirgisischen Steppe zu jener Zeit aussah. Ich musste Menschen, die Kirgisien kannten, ausfragen: Wie ist sie, diese Steppe vor den Bergen?

Einige zweitrangige Figuren sind hinzugekommen. Über Frieda zum Beispiel hatte Stella nur ein paar Sätze gesagt: »In unsere Klasse ging ein Mädchen aus einem ukrainischen Dorf, in dem die Faschisten fast alle Juden verbrannt hatten. Nur einige wenige konnten sich retten. Stell dir vor, erst von ihr habe ich vom Holocaust erfahren. Das Wort kannten wir damals allerdings noch nicht.«

Doch sämtliche Fakten aus dem Leben der Familie, alle guten Menschen, die ihnen halfen, und auch die komplizierte Geschichte der Familie Jushakow – das alles ist wahr.

Einmal bemerkte ich: »In Ihren Erinnerungen klingt es, als habe es um Sie herum keine schlechten Menschen gegeben. Das kann doch nicht sein?«

»Natürlich nicht. Bestimmt gab es die auch. Ein Nachbar in Moskau zum Beispiel, der denunzierte andere. Aber an solche Menschen erinnere ich mich nicht. Das ist offenbar eine Eigenschaft von Kindern – nur das Gute in Erinnerung zu behalten. Also soll es ruhig so sein.«

Gut, dann soll es so sein, entschied ich und führte keine schlechten Figuren ein. Nur Altynbek hat sich irgendwie aufgedrängt.

Stella hatte mir auch Fotos gezeigt. Wie sie in Wirklichkeit aussahen – Stella, ihre Mutter, ihr Vater, Uljascha.

Von den Jushakows, von Fedossja Grigorjewna und von dem Arzt, der Stella vom Typhus geheilt hat, gibt es keine Fotos. Auch nicht von Sapkos, von Frieda und von Elja Berg. Aber das ist ganz gut. Jetzt kannst du, lieber Leser, sie dir so vorstellen, wie du sie in diesem Buch siehst.

Olga Gromowa

Moskau, 2013